핸드볼 그랜드슬램의 신화 정형균
작은 손에 움켜쥔 큰 세계

**한국 핸드볼의 역사를 바꾼
핸드볼 인생 55년**

"그것이 불가능 한 것 일지라도
이루고자 하는 것이 있다면, 꼭 이루어 내는 사람!
그가 정형균이다."

- 박성립(SK슈가글라이더즈 감독)

한국체육대학교 오륜관
올림픽의 꿈을 이루고
한국 핸드볼의 미래를 만들어간
역사의 현장

머리말
그의 손에 움켜쥔 큰 세계

스포츠의 세계, 나아가 기업경영을 포함한 무한의 경쟁이 펼쳐지는 이 시대에 강력한 리더십 없는 질주는 결국 길을 잃고 표류하게 됩니다. 특히 출발이 늦은 경우라면, 예를 들어 우리나라처럼 산업화가 늦었다던가 선진 유수의 국가들에 비해 뒤늦게 시작한 대부분의 한국 스포츠의 경우라면 더욱 그렇습니다. 그리고 이것이 불과 몇십 년 전과 비교해서 모든 것이 달라진 우리나라의 위상과 한국 스포츠의 현 상황에서, '창조적 연구, 중재적 대변, 계획적 실행, 분석적 관리를 아우르는 한국적 리더십'을 완성한 정형균 감독을 주목하는 이유입니다.

"감독에 대한 신뢰는 철저히 감독의 실력에서 나온다."
30대 국가대표 감독, 올림픽 금메달 명장, 세계선수권 제패, 그랜드슬램의 신화로 유명한 정형균 감독이지만, 이미 1990년대에 아시아 유일의 국제핸드볼연맹 강사로 선정된 것을 아는 이들은 많지 않습니다.
연구하는 지도자, 정형균 감독이 말하는 리더십은 매우 명료합니다.
선수보다 더 혹독하게 자기를 담금질하여 얻어낸 '실력이 뒷받침되는 리더십'이 바로 그것입니다. 1983년 한국체육대학교 핸드볼부를 창단한 후 당시 월급 20만원의 15배에 달하는 거금 300만원을 비디오 분석을 위한 카메라·비디오 구입에 사용한 일화는 지금도 회자되고 있고, 1990년대 20편에 이르는 비디오 핸드볼교재 개발, 2020년 책과 유튜브를 결합한 새로운 영상교재 개발은 '비디오맨' 정형균의 끊임없는 열정을 보여주기에 충분합니다. 남이 엄두도 내지 못하던 새로운 시도를 주저하지 않던 그의 창의력이 금메달을 일구고 한국 핸드볼을 대중에게 각인시킨 밑거름이 된 것입니다.

하지만 신뢰 없이 이루어진 독재형 리더십은 결국은 팀을 망칩니다.
"리더와 팀원의 강력한 신뢰가 곧 팀워크 그 자체이다.
이것이 없는 팀은 실전에서, 위기에서 어떠한 리더십도 통하지 않는다."
외부에 혹은 언론을 통해 보이는 모습은 기합 소리 가득한 고된 훈련이 전부인 경우가 많습니다. 하지만 서로 부대끼며 만들어가는 스토리 속에는 더욱 고된 기술훈련, 모든 팀원이 모여 밤마다 이어지는 연구와 분석, 이를 바탕으로 한 전술훈련, 나아가 단체생활 속에서 울고 웃으며 만들어지는 수많은 삶의 애환까지 녹아있습니다. 더 이상 혼자 만들어가는 권위의 리더십이 아니라, 모두의 신뢰로 쌓아올린 민주형 리더십이 필요한 것입니다. 이것이 바로 한국 핸드볼을 세계 정상으로 이끈 정형균의 리더십입니다.

정형균 감독은 '운 좋게' UAE 리그에서 뛰어 유럽 핸드볼을 접할 수 있었고, '운 좋게' 29세 젊은 나이에 올림픽 코치를 할 수 있었다고 겸손하게 말합니다. 하지만 이것은 단지 운이 아닙니다. 제1회 아시아핸드볼선수권대회(쿠웨이트)에서 최다득점을 기록한 것이 UAE 진출의 밑거름이 되었고, 창단 1년도 안된 한국체대 핸드볼을 국내 정상에, 나가아 대만 국제대회 우승으로 이끌고, 모든 실업팀이 패한 미국대표팀을 이겨 한국 핸드볼이 나아갈 길을 제시한 것이 협회의 선택을 이끌었다는 것을 우리는 알고 있습니다.

수많은 스포츠 종목이 있지만 핸드볼만큼 감독의 역할이 큰 종목도 드뭅니다. 그래서 핸드볼 감독은 관찰자로 머물 수 없습니다. 함께 뛰어야만 합니다.

훈련 중 정형균 감독이 움켜잡은 '핸드볼'을 보고 있노라면 그 손에 커다란 세계가 들어가 있는 느낌을 받게 됩니다. 그 손에 한국 핸드볼이 있고, 그 손에 세계를 제패한 노하우가 있고, 그 손에 핸드볼을 사랑하고 제자들을 사랑한 그의 삶이 담겨져 있습니다.

정형균 감독의 이야기를 소개하자는 주위의 많은 권유 속에서 우리는 새로운 '선수' 정형균, 새로운 '감독' 정형균, 새로운 '스승' 정형균, 새로운 '행정가' 정형균을 만날 수 있었습니다. 이 책이 한국의 모든 핸드볼인뿐 아니라 이 시대를 살아가는 모두에게 작은 선물이 되기를 바라는 마음으로 준비했습니다. 또한 수많은 업적으로 한국 핸드볼을 세계 정상에 끌어올린 정형균 교수의 노고와 그의 리더십이 더욱 크게 꽃피울 수 있는 계기가 된다면 바랄 바가 없겠습니다.

핸드볼을 아끼는 모든 선배님들과 대한핸드볼협회, 그리고 현장에서 땀을 흘리는 지도자, 선수분들의 노고에 감사 드리며 끝으로 이 책의 발간에 물심양면으로 도와주신 한국체육대학교 남녀핸드볼동문 여러분들의 배려에 깊은 감사를 드립니다.

2020년 6월
저 자

차례

머리말 … 06
주요 훈포장 … 10

[1955~1982] 아시아 선수 최초 해외 진출

유년~대학시절 … 20
제1회 아시아선수권대회 … 24
인생을 바꾼 편지 … 26
UAE 알자지라클럽 진출 … 28
열정으로 꽃피우다 … 32

[1983~] 한국체대 핸드볼의 시작! 세계 무대로의 도약

창단 첫 해 전국체전 우승의 신화 … 36
승부사 정형균에게는 특별한 것이 있다 … 39
중정배 국제핸드볼대회 … 42
1984 LA 올림픽 코치 … 44
제5회 세계여자주니어선수권대회 코치 … 48

[1990~] 그랜드슬램

비디오 영상 교재 제작	55
국가대표 감독 선임	59
1992 바르셀로나 올림픽	60
대한민국 체육 최고훈장 청룡장 수상	69
국제핸드볼연맹 강사 정형균	70
1995 오스트리아-헝가리 세계여자선수권대회	72
열정을 깨우는 리더십	80
1996 애틀랜타 올림픽	84
박사학위 취득	92
한국체대 핸드볼	94

[2000~] 세계 속으로

국제심판 및 중국 국가대표 감독	100
정형균의 전술로 완성된 손 안에 움켜쥔 큰 세계	106
일본 교류	108
유튜브와 오프라인 도서의 융합 <모두의 핸드볼>	110
한국형 핸드볼의 완성	112
한국체대 핸드볼 감독 정형균	114
한국체대 교수 정형균	122
한국체대 정년퇴임식	126

주요 연보   132

2000년대 주요 대외활동   136

    KHF(대한핸드볼협회) 상임부회장

    EAHF(동아시아핸드볼연맹) 회장

    AHF(아시아핸드볼연맹) 기술위원장, 동아시아·동남아시아위원회 위원장

    IHF(국제핸드볼연맹) 기술위원

가족 소개   164

체육최고훈장 청룡장(Supreme Medal of Physical Education)
1992

체육훈장 거상장(Physical Education Medal)
1984

대한민국체육상 지도 분야(Korea Athletic Awards Leader)
1997

국무총리 표창장(Prime Minister's Citation)
1986

대통령 표창장(President's Citation)
2006

"안되는 건 없다. 될 때까지…
포기할줄 모르는 근성을 만들어내는 지도자,
끊임없이 연구하는 핸드볼계의 아인슈타인! 그가 바로 정형균이다."

- 장리라(올림픽 금메달리스트)

"그는 개인이 발견하지 못했던
재능과 잠재력을 꺼낼 수 있는 진정한 지도자이다."

- 이현식(SK호크스)

"정형균 감독의 순수한 열정은
'핸드볼 선수의 자부심'은 화려한 삶이 아니라
순간에 최선을 다하며 후회없이 마음과 열정을 쏟아붓는 자세에서
나음을 깨닫게 한다."

- 황도엽(두산핸드볼)

제3468호

졸업장

본적 경상남도

鄭亨均

1955년 1월24일생

이 사람은 본교토목과
3개년의 온 과정을 이수하였으므로
이 졸업장을 수여함

1973년 2월 28일

청량공업고등학교장 백영수

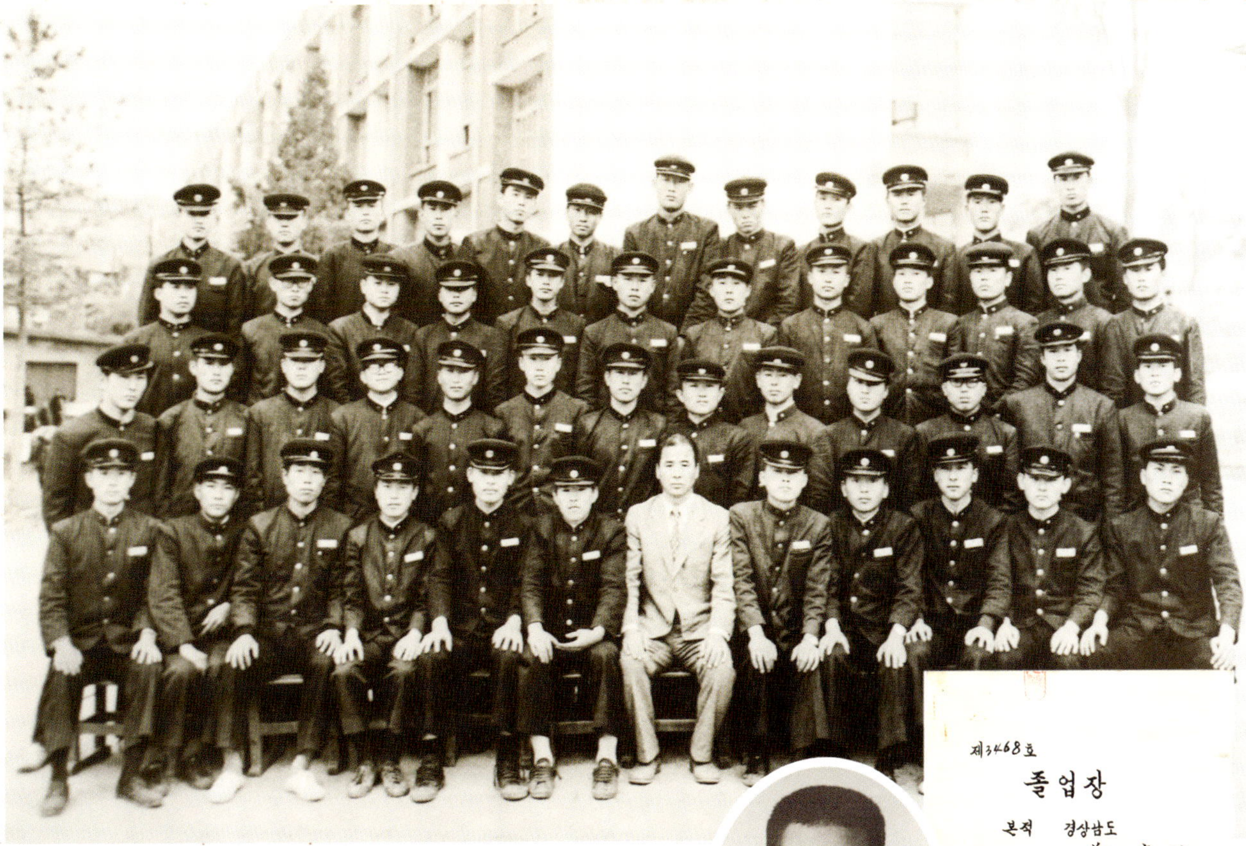

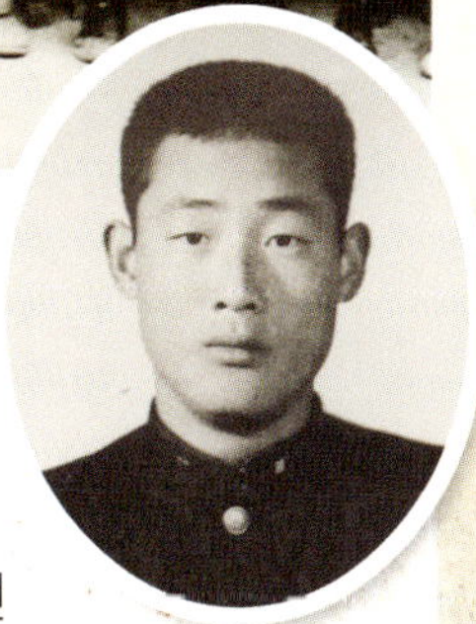

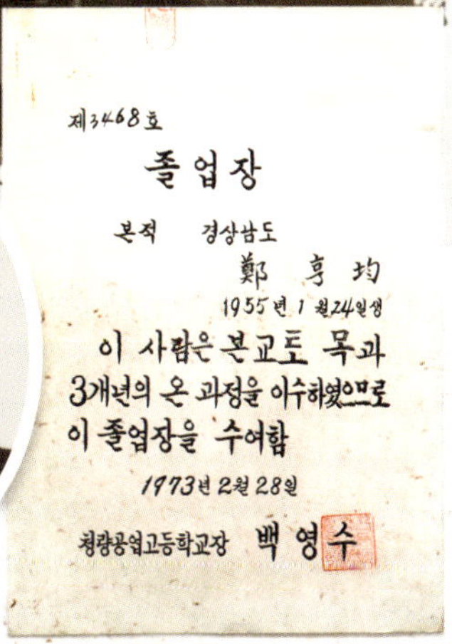

1955년 대구에서 2남1녀 중 둘째로 태어난 정형균 교수는 대구중앙국민학교 5학년 시절 당시 학교에서 처음으로 핸드볼을 접하게 된다. 당시 핸드볼에 대한 관심은 자연스럽게 핸드볼부가 있던 영남중고등학교로의 진학으로 이어졌고, 소년 정형균이 있던 영남중학교와 영남고등학교는 당시 중고등부 각종 핸드볼 대회를 석권하며 영남중고 핸드볼부의 최대 선성기를 이끌었다.

좌측 위는 1969년 영남중학교 3학년 당시 무패로 전국대회 전관왕의 위업을 달성하며 기념촬영한 사진이며(뒤쪽 중앙 정형균, 하단 중앙 권기환 코치 선생님), 아래는 중·고등학교 핸드볼부 단체사진이다(아래 왼쪽에서 4번째).

영남고등학교로 진학한 고등학생 정형균은 얼마 지나지 않아 아버님의 발령과 함께 서울로 이사를 가게 된다. 당시에도 핸드볼부가 많지 않았던 시대여서 핸드볼부가 있던 청량공업고등학교(현재의 경기기계공업고등학교)로 전학을 가게 된다.

영남 시절 친구들은 지금껏 둘둘회로, 같은 반으로 함께 지낸 토목과 친구들은 지금껏 청토회라는 이름으로 멋진 만남을 이어오고 있다.

위 사진은 고등학교 졸업 사진, 우측의 앳된 모습은 유치원 졸업 사진이다.

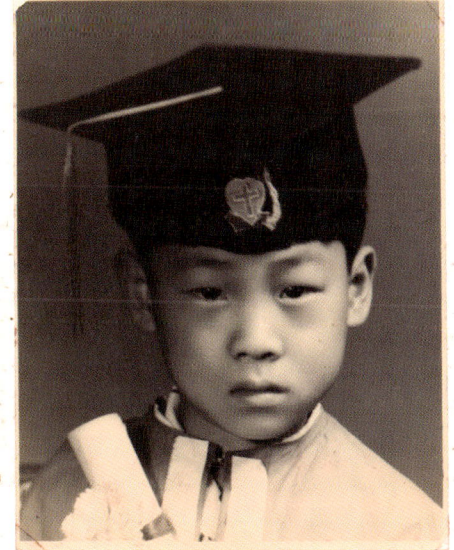

원광대 신길수 교수님, 이호영, 문종성

당시 대부분의 경우 전담 코치 없이, 체육교사가 일반 운동부를 지도하던 열악한 환경에서, 이미 고등학교 3학년 때부터 코치 겸 선수로 활약하던 정형균은 1973년 전액장학생으로 원광대 사범대학에 입학하고, 대학교 4학년 때는 코치 겸 선수로, 국가대표로 많은 활약을 하고, 특히 대학 졸업 후 실업팀 진로가 없던 당시의 핸드볼 환경에서 교사가 되기 위한 공부도 병행하여 서울사립교사 임용에도 합격하게 된다(1977년).

국가대표 동료들

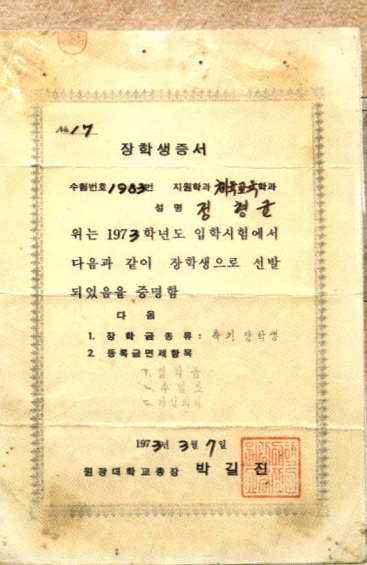

1975 김구 교수님(맨 우측), 선수들과 함께

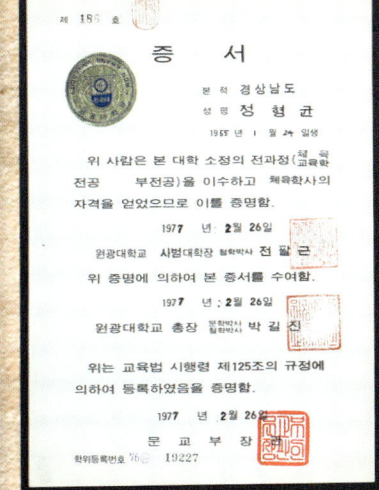

대학신문 기고문

體育과 人間生活

체육활동으로 民主社會的 性格형성도모
醫學은 病을 치료하나 体育은 病을 예방
신체단련과 건전한 판단사고력 양성

정 형 균 (사대·체3)

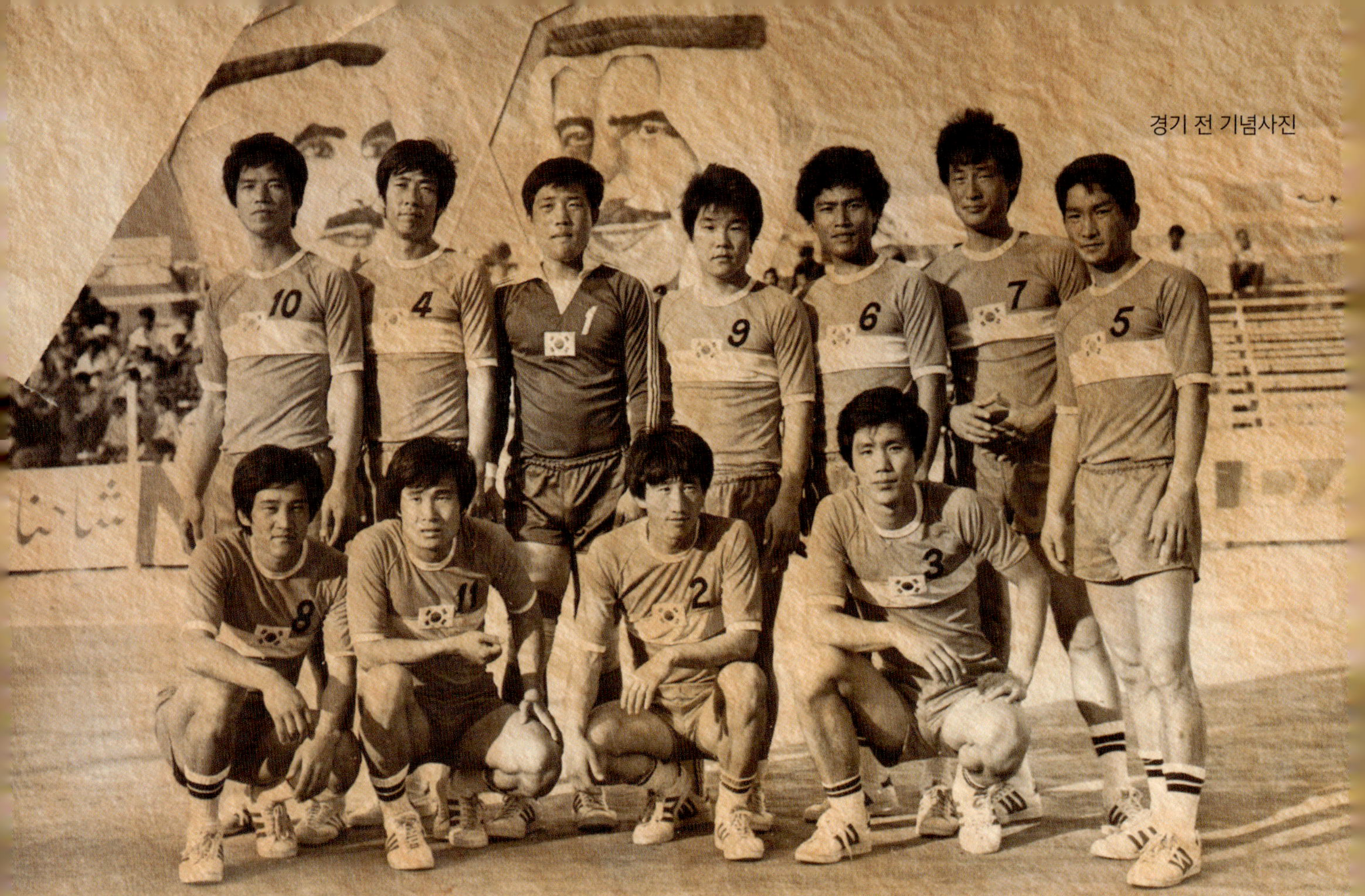

경기 전 기념사진

1977 제1회 아시아선수권대회

1977.3.26~4.6 쿠웨이트

P. No. : 4

DATE: SATURDAY 26 MARCH 1977

NAMES AND NUMBERS OF PLAYERS OF COMPETING TEAMS

Iraqi Selection

UNITED ARAB EMIRATE :

1 — Mohamed Eid Saied
2 — Ebeid Hadid Ebeid
3 — Abdalla Ismail
4 — Matar Mubarak
5 — Tarim Aly Tarim
6 — Khalifa Al-Sabbar
7 — M. Rashed Al-Thany
8 — Hamid Al-Badawy
9 — Ibrahim Mokhtar
10 — Mohamed Abdalla
11 — Saied Mubarak
12 — Ebeid Gomaa Seloumi
13 — Nasser Othman Nasser
14 — M. Ebeid Al-Bawab

One of Kuwaiti Selection Combinations

South Korea

STATE OF BAHRAIN :

We could not get the numbers of players till late yesterday, and the players names are as follows

Mohamed Al-Marzouk,
Mohamed Al-Maatouk
Kasem Al-Alawi,
Ahmed Abdallah,
Waleed Rabah,
Nabil Taha,
Fathi Shehab,
Abdel Galil Ahmed,

9 — Shee Sheen Wang
10 — Yee Ha Sha
11 — Hasing Bin Shang
12 — Hang Shang
13 — Shein Yoo Sha

REPUBLIC OF IRAQ

1 — Emad Hanna
2 — Eyad M. Rashied

SOUTH KOREA

1 — Lee Kum Ku
2 — Du Man Kyon
3 — Sing San Shiang
4 — Sang Rashy
5 — Sang Keem
6 — Tong Seo
7 — Hang Twang
8 — Yang Tshi
9 — Tang Kirko
10 — Shang Keem
11 — Beag Keun UK
12 — Kim Young Nyon

TOURNAMENT NEWS

TWO JAPANESE REFEREES FOR THE INAUGURATING GAME

FLAGS RAISING CEREMONY AT 11 A.M. TODAY

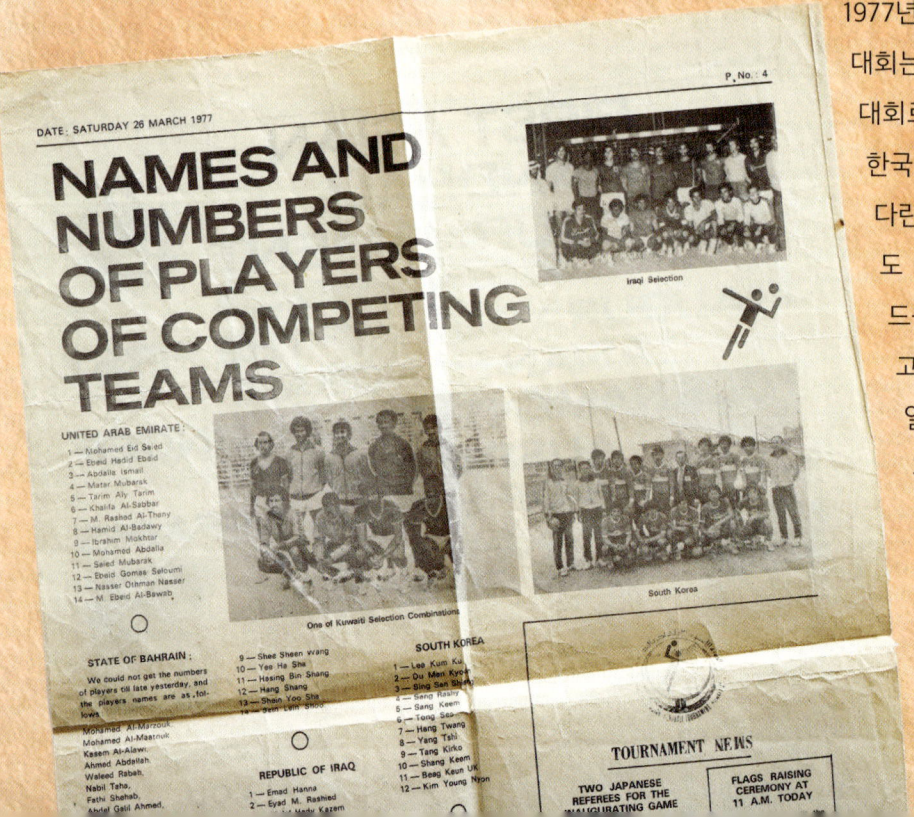

1977년 쿠웨이트에서 열린 아시아선수권대회는 아시아 최초의 핸드볼 공식 국제대회로서 의의를 가지는 것은 물론이고 한국 핸드볼에도, 선수 정형균에게도 커다란 전환점이 된 대회였다. 당시만 해도 일본과의 교류가 전부였던 한국 핸드볼이 가장 멀리 대회를 나가게 되었고, 한국 대표팀은 결승에서 아쉽게 일본에 지며 은메달에 그쳤지만 당시 기사의 표현을 빌리자면 '정형균은 전체 선수 중 최다득점을 기록'하며 아시아 핸드볼계에 '정형균'이라는 이름을 각인시키게 된다.

당시 현지 영자신문 기사 (일본 골대로 슛을 날리는 정형균 선수)

A goal for Korea, from a penalty, in the Japanese goal.

were : Sasaki : 4 goals, Kozo 4, Yanagua 3, Sato 3, Kinji Takizo, and Hiroshi 2 goals each.

For Korea, goalmakers were : Li-Young 5, Jang-Hong 5, Big-Kim 2, Choi and Kion 2 goals each.

당시 현지 신문에 실린 8개 참가팀 (한국, 쿠웨이트, 일본, 바레인, 사우디아라비아, 이라크, 중국, 팔레스타인)

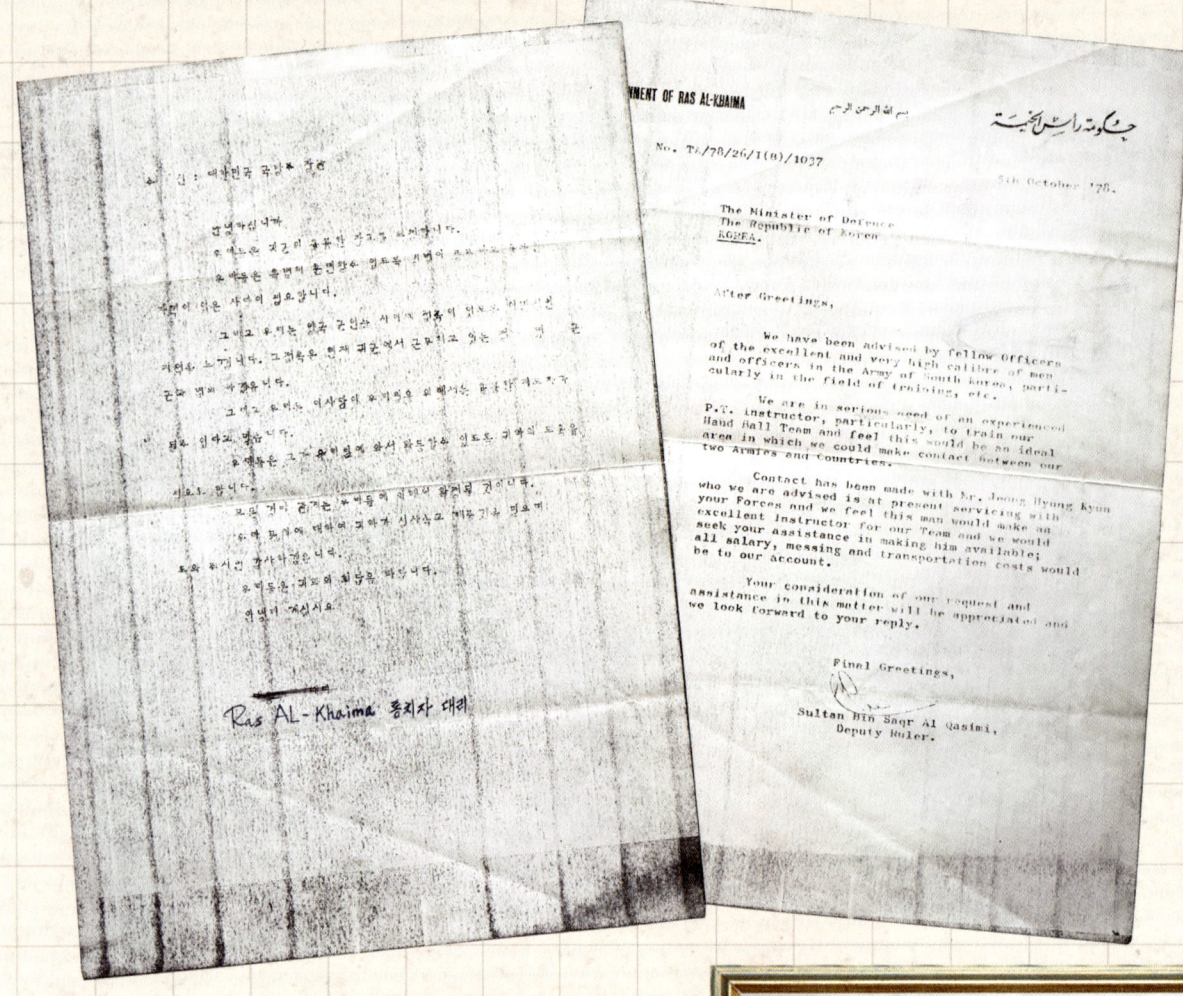

인생을 바꾼 편지

UAE(아랍에미리트) 국왕대리의 초청장

"당시만 해도 일본에게 석패했다는 것 때문에
제가 최다득점을 기록했는지는 신경도 못 썼어요.
지금처럼 개인 기록을 체계적으로 관리하던 시기도 아니었거든요.
그러던 어느 날 당시만해도 원유 생산으로 1인당 GDP 3위에 이르던 UAE에서
스카우트 제의가 들어온 거죠. 요즘 시대와 같은 완전한 프로리그는 아니었지만 어마어마한 기회였죠."

쿠웨이트에서 돌아온 정형균은 이미
한국을 대표하는 선수가 되어 있었다.
우측은 당시 협회보에 실린 대표팀 사진,
좌측은 전국남녀종별핸드볼선수권대회 표지로
실린 쿠웨이트 대회에서의 정형균 선수의 사진이다.

국제대회 준비와 공부를 병행하며 서울사립학교순위고사를 통과한 정형균은 제1회 아시아선수권대회 후로는 동일여고로 발령받고 교사로 근무를 하게 된다.

바로 이 때 UAE로부터 제안이 들어오게 된 것이다. 하지만 그는 이 제의를 거절할 수밖에 없었다. 바로 군문제 때문!

군 입대를 미루고 길 수 있는 방법도 없고, 어떠한 특례도 없던 당시의 상황 때문에 당시에는 별로 아쉬운 것도 없었다고 한다. 그러면서 1978년 대한핸드볼협회 공인심판 자격도 취득하고, 다음해 1979년 2월에 결국 입대를 하면서 평범한 대한민국 청년으로서의 삶을 살아가게 된다.

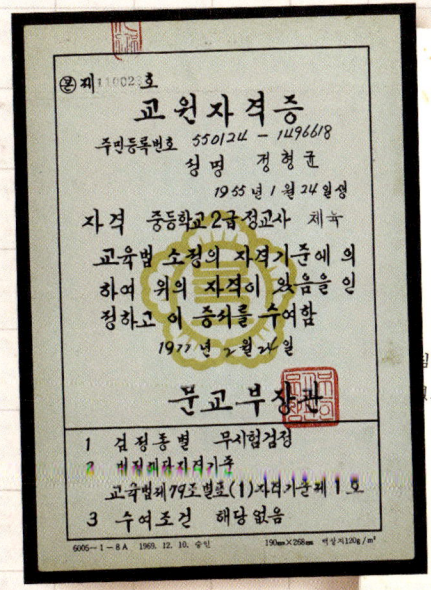
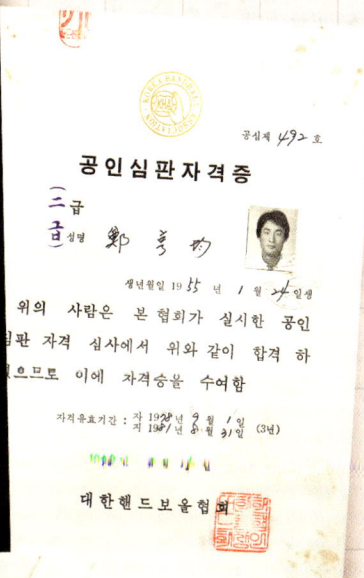

그러던 어느 날 당시 외무부를 통해 UAE로부터 초청장이 날아오게 된다. '선수로서는 물론이고 지도자로서의 발군의 기량을 갖고 있는 대한민국 육군의 정형균'이 반드시 필요하다는 것이었다. 당시 알자지라 클럽의 구애에도 별 반응 없이 군 입대를 해 버린 정형균을 잡기 위해, 알자지라는 아랍에미리트 정부를 움직였고, 결국 UAE가 대한민국에 정식으로 파견을 요청한 것이었다. 물론 유례를 찾을 수 없던 당시 제안에 외무부와 국방부가 심도 있는 논의를 거쳐 당시 군 복무 중이던 정형균은 파견 근무 형식으로 UAE로 넘어가게 된다. 비공식적이긴 하지만 군인 정형균은 대한민국 헌정 사상 최초의 파견 군인이자, 말 그대로 용병으로서의 활약을 시작하게 된 것이다.

نادي الجزيرة
UAE Al Jazira Club

UAE 알자지라클럽에서 코치 겸 선수 정형균은 핸드볼에 대한 새로운 눈을 뜨게 된다. 당시 UAE 리그는 오일머니의 막강한 파워로 유럽의 우수한 선수들이 활약하는 최고의 리그 중 하나였다. 이렇게 정형균은 아시아 최초로 유럽 핸드볼을 접하는 선수가 된 것이다.

"당시 몸무게가 77kg이었는데, 유럽 선수들은 보통 100kg이 넘었어요.
그러니 어땠겠어요. 시합만 갔다오면 가슴이며, 팔이며… 온 몸이 멍 투성이가 되었죠…
알자지라 클럽을 통해 선진화된 유럽의 기술과 전술에 대한 부분은 물론이고
체력에 대해 눈을 뜨게 된 것이죠."

현재 중동의 경제로 대표되는 UAE의 두바이처럼
당시의 UAE도 경제적으로 막강한 부를 가지고 있었다.
그곳에서 핸드볼에 대한 새로운 세계를 경험하고 치열한 노력과 연구를 거듭한 그는
1979년부터 1982년 4월까지 알자지라 클럽에서
최고의 선수로서, 또 전술을 세우고 지도하는 코치로서
핸드볼 일생에 중요한 전기를 맞게 된다.

"항상 준비되어 있는 지도자!
정형균 감독은 열정, 헌신 그 자체였습니다."
- 감봉우(한체대 핸드볼 남자동문회 회장)

"한국체대에서 교수님의 지도를 받을 수 있었던 4년
내 삶에 가장 큰 행운이었습니다."
- 윤성철(서울영동고등학교 교장)

당시 경기 모습

١٧٦ هدفاً وطرد لاعبين في بداية دوري العيد !؟

مباراة الجزيرة والطليعة   تصوير مصطفى الأسمر

الجزيرة... ممتاز !؟
سرق المباراة من الإمارات في الدقائق الأخيرة

الجزيرة بطل أندية الدرجة الأولى لكرة اليد
فاز على الإمارات ٢٩/٢٧ بعد مباراة قوية

لاعب الجزيرة يموه بجسمه ببراعة في مباراة النصر   تصوير : مصطفى الأسمر ، والحاج موسى

● الجزيرة بطلاً لبطولة لم تنته

الجزيرة يخسر أول وآخر مبارياته بدوري اليد

هيونج كين

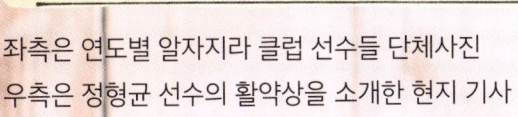

좌측은 연도별 알자지라 클럽 선수들 단체사진
우측은 정형균 선수의 활약상을 소개한 현지 기사

30_31

"정형균 교수의 지도를 받은 모든 이에게
그는 나침반과 같은 존재이다. 그의 손 끝에 나아가야 할 길이 있다."

- 이상욱(아시안게임 금메달리스트)

핸드볼은 개인종목이 아니다.

핸드볼은 단체경기이기에 선수 개개인이 아무리 훌륭한 기량을 선보인다고 해도 경기의 승리를 담보하지는 않는다.
따라서 선수의 기량, 열정을 하나로 모아 팀워크를 끌어 올릴 수 있는 지도자의 역할은 매우 중요하다.
실제로 핸드볼 스타 선수 출신 정형균 감독은 선수 시절 자신이 열심히 뛰고 많은 득점을 해도
경기에서 지는 경험도 많았다. 동아일보 1973년 6월 13일 자에는 '한일 친선핸드볼 대학경기에서 원광대 1학년
정형균 선수가 9골이나 몰아친 선전에도 불구하고 일본팀에게 20:16으로 졌다'는 기사가 나온다.
이런 교훈들과 UAE에서의 경험은 승리방정식의 다양성을 이해하게 하였고,
체계적 전술과 훈련에 대한 그만의 체계적인 지도자론을 세우는 계기가 되게 하였다.
이미 고등학교 3학년 때부터 코치를 겸하던 그만의 독특한 경험은 어려서부터 지도자의 꿈을 키우게 하였고,
국내 최초로 외국팀에서 뛴 그는 한국에 돌아와
한국 핸드볼을 세계 정상으로 끌어올리는 꿈을 꾸게 된다.

HANDBALL
열정으로 꽃피우다

"정형균 감독의 수많은 업적보다 더 위대한 것은
한국 핸드볼에 대한 그의 지독한 사랑과 헌신이다."

- 심재복(인천도시공사)

"교수님에게 배운 굳은 정신력과 강인한 의지가 지금의 나를 만들었다. 일생을 후배 양성과 학문 연구에 헌신한 정형균 교수님이야 말로 이시대의 참 스승이다."
- 김효숙(한국체대 여자핸드볼 초대주장)

한국체대 핸드볼 역사를 시작하다

**1983 창단 첫 해
제64회 전국체육대회 금메달의 신화**

신화의 시작 1983

1982년 화려했던 UAE에서의 선수생활을 마치고 국내로 돌아 온 정형균은 경희대학교 교육대학원에서 못다한 석사 공부를 마무리하면서 상명여대를 맡아 전국체전에 출전하였다. 그러던 중 한국체대에서 여자핸드볼부를 창단한다며 모든 준비를 맡아달라는 요청을 받게 된다. 처음에는 조교로 시작하여 선수 10명으로 첫 팀을 꾸리게 되었다.

"당시 내 월급이 20만원이었어요. 그런데 사실 돈은 큰 문제가 되지 않았어요.
이미 중동에서 선수 생활을 하면서 많은 돈을 벌기도 했고, 그 선진기술을 접목하여 맨 밑바닥에서부터
시작하고픈 열정이 있었죠. 팀을 만들면서 바로 세운상가에 가서 비디오를 구입했습니다.
플레이어 한 대 값만도 140만원이었고, 비디오 카메라와 이런 저런 장비 합해서 300만원 정도를 들었죠.
지금 돈으로 하면 1년 연봉을 족히 넘는 몇 천만원 가치는 되는 것 같습니다.
연습하는 과정과 매 경기를 비디오로 촬영하고, 상대팀 분석에 활용하면서
당시에는 아무도 엄두도 못냈던 새로운 훈련과 분석을 통해 다양한 전술을 시도할 수 있게 되었습니다."

피나는 훈련을 거듭하던 창단 첫 해인 1983년 10월 한국체대 핸드볼팀은 전국체전에 출전하게 되는데, 당시 팀원 10명 중 에이스 3명이 주니어 대표로 차출된 상태였다. 말 그대로 차포 뗀 상태에서 우여곡절 끝에 전국대회에 출전하였고, 이 첫 전국대회에서 한국체대 핸드볼팀은 각 시도 실업팀을 물리치고 우승을 하게 되고 이렇게 한국체대 핸드볼팀의 신화, 정형균 감독의 신화가 시작되었다.

승부사 정형균에게는 특별한 것이 있다.

국제경기 필름 1000개 수집
밤마다 연구하는 '비디오맨'

여자 핸드볼 정형균 감독

정형균(41·한체대교수) 여자핸드볼 대표팀 감독은 한마디로 승부사다. 그만큼 그의 지도자 경력도 화려하다. 여러 개 내세울 필요도 없다. 92년 바르셀로나서 올림픽 2연패를 이룬데 이어 지난해 12월 구기 사상 세계선수권 첫 우승의 금자탑을 쌓았다.

는 새벽훈련을 비롯해 오전엔 체력단련을 위주로 훈련한다. 특히 일주일에 두번 서킷 트레이닝을 하는데 지옥훈련이 따로 없다.
주말에는 인근 불암산으로

불멸의 기록 올림픽 3연패 향해
혹독한 훈련 강조하는 '냉혈한'

이 정형균 감독이 이제 올림픽 3연패라는 세계 스포츠사에 전무후무한 목표를 앞두고 심호흡을 하고 있다. 누가 봐도 여자핸드볼은 애틀랜타올림픽서 한국의 금후보 1순위다. 다들 그렇게 꼽는다.
바로 이것이 정 감독에겐 부담이다. 정 감독이 냉혈한이라는 말을 들으며 선수들을 혹독하게 다루는 것은 바로 그런 부담감 때문이다.
물론 선수들은 정 감독을 이해한다. 여자핸드볼 대표팀은 아침 6시 기상과 함께 실시하

강행군한다. 힘 좋고 키가 큰 유럽 선수들을 이기기 위해선 쉴새없이 뛰어야 하므로 체력이 승부의 관건이라는 것이 정 감독의 지론이다.
그렇다고 해서 전술훈련을 소홀히 한다는 얘기는 아니다. 특유의 벌떼수비를 개발했으며 각국의 경기를 담은 비디오테이프를 1,000개나 수집, 밤마다 선수들과 함께 연구한다. 그래서 '비디오맨'이라는 별명도 붙은 선수촌 정 감독의 방에는 늦은 밤까지 불이 켜져있다.
【박철기자】

1996년 6월 26일 일간스포츠 기사에는 정형균 감독을 "비디오맨"이라고 소개하고 있다.

그간 수많은 기사들이 정형균 감독의 업적을 소개하면서 피땀 흘리는 체력 훈련 뒤에 숨겨진 승부사적 기질, 전술적 냉혹함을 잊지 않아야 한다고 지적한다. 그러면서 그 이면에는 각국의 경기를 담은 비디오테이프를 1천 여개나 수집하여 밤마다 선수들과 함께 연구하는 그의 열정과 연구가 숨어있음을 말하고 있다. 아직도 그의 연구실에는 한국체대 핸드볼팀을 창단하면서 거금을 들여 구입한 소니의 비디오 플레이어가 자리 한 켠을 차지하고 있다.

"당시 구입한 비디오 카메라도 어디 있을 텐데…"

한국체대의 신화를 이루어낸, 대한민국 여자 핸드볼의 신화를 이루어낸 그의 말에 깊은 애정과 무게가 느껴진다.

학 위 기

본적 慶尙南道

성명 鄭 亨 均

위 이는 본 대학교 교육대학원에서 석사학위 과정을 마치고 소정의 시험에 합격한 후 아래의 논문을 제출하여 심사에 통과하였으므로 교육학 석사학위 자격을 얻었기에 이를 증명함

논문제목: 핸드보올 競技中 Feint 動作에 關한 硏究

1983 년 8 월 30 일

경희대학교 교육대학원장 김 선 호

위 증명에 의하여 이 증서를 수여함

1983 년 8 월 30 일

경희대학교 총 장 심 태 식

위는 교육법 시행령 제125조의 규정에 의하여 등록하였음을 증명함

1983 년 8 월 30 일

문 교 부 장 관

석사학위등록번호

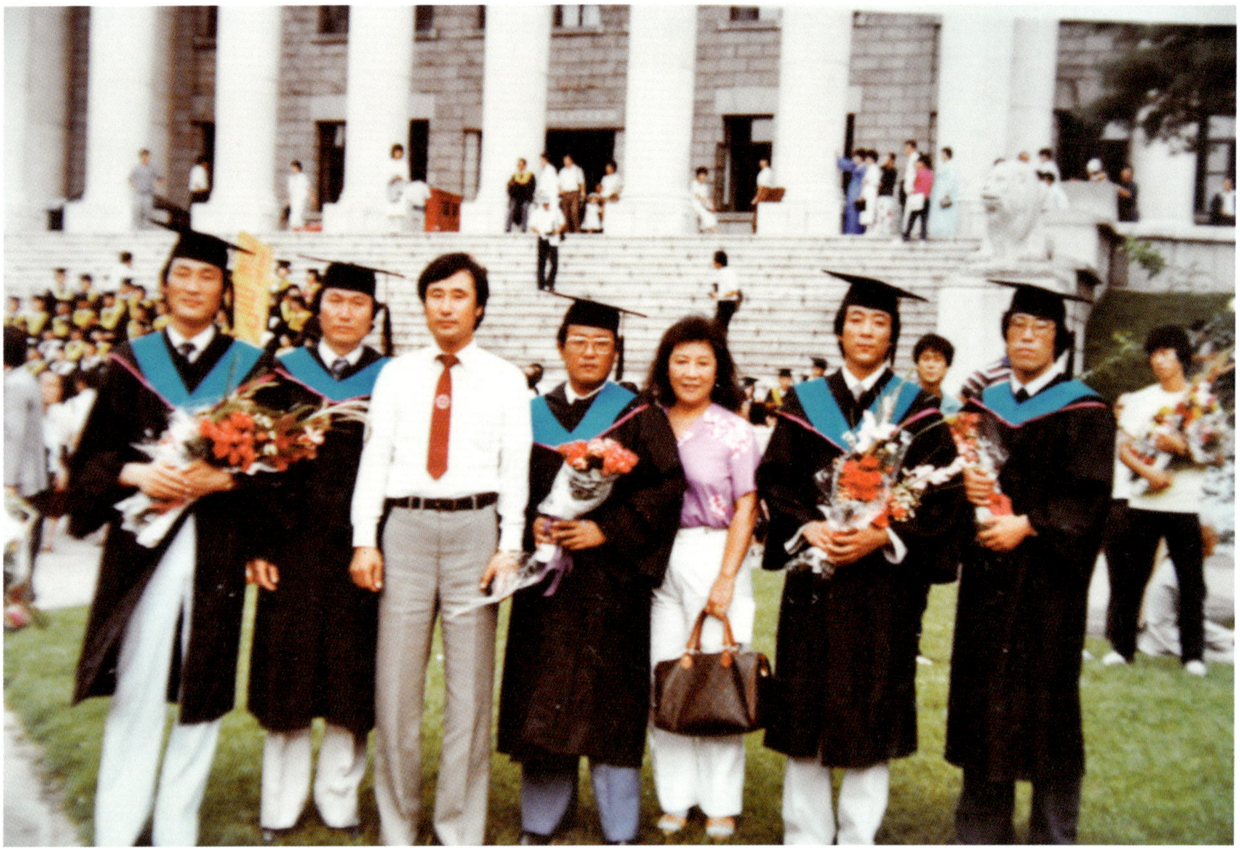

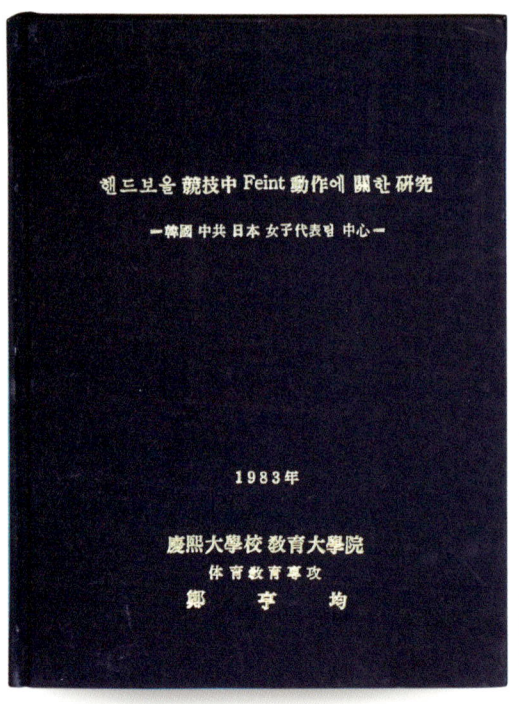

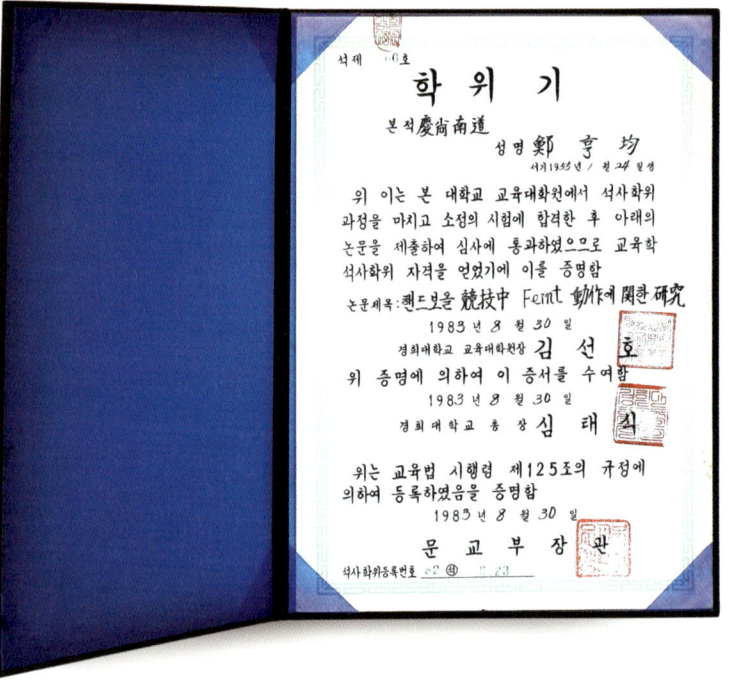

1983년 8월 경희대학교 교육대학원에서 <핸드볼 경기중 Feint 동작에 관한 연구; 한국 중공 일본 여자대표팀 중심>으로 석사학위를 취득하였다. 당시 교무처장인 송석영 전 총장, 중앙에 이승국 전 총장이 함께 하였다.

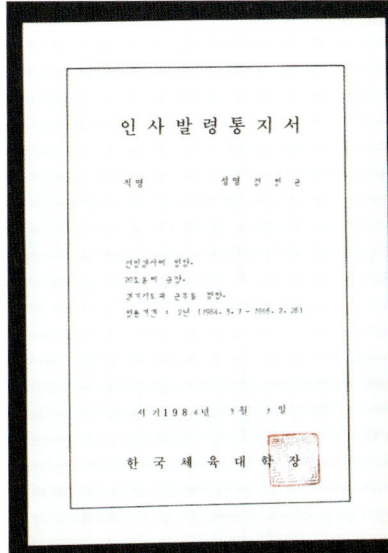

1984년 만29세로 교수 발령을 받고 당시 박철빈 학장에게 임명장을 받고 있다.
같은 해에는 한국체대 남자 핸드볼팀이 창단되었다.

1984년 남녀 핸드볼팀 단체사진

1984
중정배 국제핸드볼대회

1984년 대만에서 개최된 중정배 국제대회는 한국체대 뿐 아니라 정형균 감독에게도 일생일대의 기회가 된다. 한국체대는 창단 2년만에 중정배에 단일팀으로 참가하여 우승을 하게 된다(참가국: [여자] 한국·대만·네델란드·미국·일본, [남자] 대만·서독·호주·일본·스웨덴).

"UAE에서 선수생활한 게 큰 도움이 되었어요. 1979년 알자지라 클럽에 갈 때만 해도 영어 한 마디도 못했었는데, 현지에서 기초 영어책부터 펼쳐놓고 치열하게 공부했거든요. 그게 국제대회에서 도움이 되더라구요. 미국팀 숙소를 찾아가 상대팀에 대해 묻기도 하고, 이런 저런 이야기를 하면서 각 팀에 대한 다양한 정보도 얻을 수 있었죠."

이어 중정배 대회를 치룬 미국대표팀이 LA올림픽을 대비하여 한국에 전지훈련을 오게 되었는데, 전국 각지를 순회하며 실업팀과 친선경기를 펼치게 되었다. 하지만 당시 세계 핸드볼의 흐름에 한 발 뒤쳐졌던 국내 팀들은 한 팀도 미국대표팀을 이기지 못했고, 마지막으로 협회 임원들이 지켜보는 가운데 미국 대표팀과 한국체대와의 경기가 펼쳐졌다. 이 경기에서 한국체대는 7골 차로 대승을 거두게 되었고 이것이 협회에 강렬한 인상을 남기게 된 것이다.

그러던 중 1984년 LA 올림픽에 소련 및 동구권 국가들이 보이콧을 하게 되었고, 우리나라는 대타로 출전하는 행운을 누리게 되었다. 새롭게 대표팀을 구성하던 협회가 정형균 한국체대 감독을 선택한 것은 이렇게 우연이 아닌 필연으로 시작된 것이다.

김효숙 주장

Games of the XXIIIrd Olympiad Los Angeles 1984

1984
LA올림픽

한국 핸드볼 사상 첫 출전 올림픽에서
세계 변방의 대한민국 핸드볼이
은메달을 획득하다!

"끊임 없는 연구와 열정으로 항상 최선의 결과를 뽑아내고
선수로 하여금 다시 시작하게 하는 근성을 만드는 능력이야 말로 진짜 지도자의 덕목이다.
그런 의미에서 내게 최고의 지도자를 꼽으라면
나는 당연히 정형균 감독이다."

- 성경화(올림픽 금메달리스트)

44_45

이문식 감독, 박철빈 한국체대 학장과 함께

긴급하게 소집된 한국 핸드볼 여자 대표팀은 이문식 감독, 정형균 코치를 중심으로 한국체대 이순이, 정회순, 강숙, 성경화, 윤수경 선수와 김경순, 김미숙, 한화수, 김옥화, 김춘례, 정순복, 윤병순, 이영자, 손미나 선수가 출전하여 유고슬라비아에 이어 은메달을 획득하였다. 이는 짧은 시간 동안 강한 체력과 전술을 강조한 코칭스태프의 조화가 이뤄낸 기적같은 성과였고, 한국 핸드볼 역사상 최초의 올림픽 메달로 그 가치를 더하고 있다. 정형균 당시 대표팀 코치는 이 공로를 인정받아 대한민국 체육훈장 거상장을 받았다(12쪽 참고).

세상에 하나뿐인 작전판
전용 핸드볼 작전판이 없던 시절,
당시 정형균 감독은 체스판에
직접 핸드볼 코트를 그려넣어
전술 지시에 활용하였다.

1985 Women's Junior World Handball Championship
1986 World Women's Handball Championship

"UAE에서 치열하게 익혔던 유럽의 기술과 한국화된 전술,
유럽의 체격과 체력을 이기기 위한 체계적이고 강한 훈련,
이런 것들이 한국 핸드볼의 체질을 점차 강화시켜주고 있었습니다."

1985 국가대표팀 해외 전지훈련
김정수 감독

1986 아시안게임 대표선수(왼쪽부터 박천조 교수, 한국체대 최근년· 박광수)

1986 아시안게임 교내 환영식

1985 제2회 대통령기 전국남녀핸드볼대회 우승

1987 일본전지훈련 중 한국체대와 일본대표팀 친선경기 기념

1987 전국종별 핸드볼선수권대회 우승

대한핸드볼협회 지도자상

1988 일본국제핸드볼대회

1994 한국체대 핸드볼 선수들

"정형균! 그가 한국 핸드볼의 역사입니다."

- 이임숙(아시안게임 금메달리스트)

"정형균! 그는 세계 핸드볼의 영웅이자,
대한민국 핸드볼 최고의 영웅입니다.
하지만 무엇보다 임오경이 존경하는 유일한 지도자입니다!"

- 임오경(올림픽 금메달리스트)

"강한 팀에는 그가 있습니다.
그 팀이 강한 이유는 그가 있기 때문입니다.
그의 팀원일 때 비로소 강한 팀이 되는 이유를 알 수 있습니다."

- 김민구(한국체육대학교 남자핸드볼 감독)

GRAND SLAM
1990~

세계 최고의 대한민국 핸드볼
그 중심에 선 정형균과 한국체대

정형균감독(右)의 작전지시를 귀담아 듣는 한국주니어대표팀 선수들의 눈에서 우승의 결의를 엿볼 수 있다. 【한국체대 체육관=정시종 기자】

아시아 첫우승 노린다

중국등 5개국 참가…세계무대 전초전
팀워크 '걸림돌' 딛고 수비에 승부걸어

첫 우승을 노린다.
 낙후된 아시아여자핸드볼 저변확대를 위해 참가실된 제1회 아시아 여자주니어(19세이하) 핸드볼선수권대회(7월8∼14일, 중국 하이훼이)서 첫 정상을 밟기 위해 한국의 어린 낭자군들이 코트에 비지땀을 뿌리고 있다.
 한국을 비롯해 중국, 대만, 일본, 인도등 5개국이 출전하는 이번 대회는 제8회 세계주니어선수권대회(91년·장소미정)서 아시아를 대표할 티켓3장이 걸려있어 각국의 우승다툼이 치열할 전망이다. 한국은 지난 대회(89년9월·나이지리아)에서 준우승, 자동으로 티켓을 따낸 상태지만 세계무대에 당당히 입성키 위해 전초전성격의 이번 대회에서 전승우승을 겨냥하고 있다.
 한국은 개인의 기량은 뛰어나나 지난15일 대표팀이 구성돼 손발을 맞출 시간이 20여일정도밖에 되지않는데 따른 팀워크상의 문제가 우승전선의 가장 큰 걸림돌이다.
 따라서 정형균(鄭亨均·36·한국체대)감독, 박재수(朴載洙·35·휘경여고) 코치등 코칭스태프진은 공격보다는 수비에 승부수를 던질 전략을 마련해놓고 있다.
 수비는 6-0, 1·2·3포메이션을 병행, 상대의 공격을 봉쇄한다. 특히 1·2·3수비체제는 장신의 중국에서 활용키위해 가장 중점을 두고 가다듬고 있다. 공격에선 세트플레이등 팀웍크를 요하는 것보다는 푸트워크와 개인기가 뛰어난 우리 선수들의 장점을 이용, 수시로 선수들의 위치를 바꾸는 크로싱방법으로 수비를 교란시켜 끝을 노린다.
 한국의 우승길목에 가장 큰 난관으로 도사리고 있는 팀은 만리장성벽의 중국. 중국은 큰키를 이용한 중거리슛이 좋고 홈코트의 이점까지 안고 있다. 그러나 정형균감독은 "1·2·3전진수비로 중국의 중거리포를 1차적으로 막고 미들슛공을 편다면 승산은 충분하다"며 "4∼5골차의 승리를 내다봤다.
 한국은 상오3시간 공수시스템훈련, 하오3시간 연습경기를 통한 실전감각을 익히는 등 하루훈련이 끝나면 저녁에 비디오를 통해 중국의 전력을 분석, 공수에 있어서의 전략을 세워놓고 있다.
 한국의 베스트7은 GK 차재경(초당약품), 센터 임오경(한국체대), 포스트 김화숙(대선주조), 좌우쌍포 이호연 이공주(이상 대구시청), 좌우날개 김현주(광주시청), 김미화(대선주조)로 짜여져있다. 여기에 중거리슛이 뛰어난 여고1년생 홍정호(인천여고)를 '비장의 카드'로 활용할 계획으로 있다.
 정감독은 "연습시간은 짧지만 우승을 자신한다"며 "이 선수들을 잘 가다듬으면 세계선수권대회 최초의 우승도 노려볼만하다"고 말했다.
〈최규섭 기자〉

Year	Host	Final		
		Champion	Score	Runner-up
1990 Details	Hefei	South Korea	No playoffs	Chinese Taipei
1992 Details	Beijing	South Korea	No playoffs	North Korea
1995 Details	Seoul	South Korea	No playoffs	China
1996 Details	Chengdu	South Korea	No playoffs	China
1998 Details	Osaka	South Korea	No playoffs	China
2000 Details	Dhaka	South Korea	37–23	Chinese Taipei
2002 Details	Amman	South Korea	No playoffs	China
2004 Details	Bangkok	South Korea	No playoffs	Japan
2007 Details	Almaty	South Korea	40–27	Kazakhstan
2009 Details	Bangkok	South Korea	No playoffs	Japan
2011 Details	Almaty	South Korea	32–15	China
2013 Details	Almaty	South Korea	No playoffs	Japan
2015 Details	Almaty	South Korea	No playoffs	Japan
2017 Details	Tsim Sha Tsui	South Korea	No playoffs	China
2019 Details	Beirut	South Korea	26–19	Japan

한국여자주니어대표팀(19세 이하)은 정형균 감독이 이끈 제1회 대회 이후 한 번도 아시아 정상에서 내려오지 않을 정도로 아시아 주니어 핸드볼의 절대강자로 군림하고 있다.

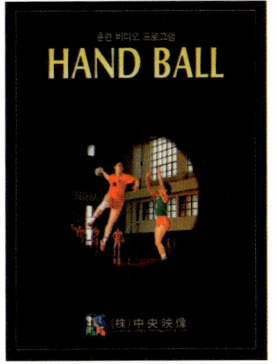

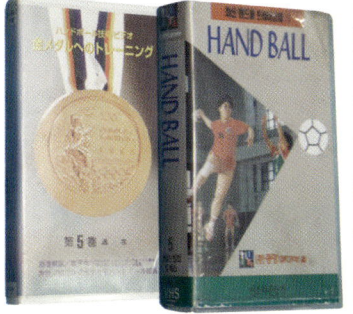

1990년 정형균 감독은 당시 전무후무했던 핸드볼 교본을 비디오로 제작하는 대형 프로젝트를 완성하였다. 그의 독특한 전술과 아시아 체형에 맞는 연습방법 등은 1980년까지 아시아를 호령하던 일본을 자극했고, 일본 업체의 끈질긴 구애로 정형균 감독은 자신의 노하우를 핸드볼 발전에 아낌없이 풀겠다는 각오로 비디오를 제작하게 된 것이다. 1988년부터 3년에 걸쳐 한국체대에서 대회와 훈련을 병행하며 기초부터 전술까지 다양한 기획을 통해 비디오를 제작하였고, 이 테이프는 당시 큰 반향을 일으켰다(**최신핸드볼트레이닝법**[총10편: 체력훈련, 기초기술, 공격·수비·전문기술 등] (주)중앙미디어, 1990). 일본에서만 수만엔짜리 세트가 3천 세트 이상 판매되고, 심지어 올림픽에서 한국에 패한 노르웨이에서도 구입하는 등 유럽에서도 큰 인기를 얻게 되었다. '비디오 분석'에서 한 걸음 더 나아가 비디오를 직접 '제작'까지 하며 핸드볼 발전에 앞장 선 그의 노력은 그 후로도 계속되어 바르셀로나 올림픽 후에도 더욱 발전된 기술을 선보이며 다양한 전술과 기술 패턴 등을 담아 10편의 테이프를 추가로 제작하였다(**핸드볼기술비디오: 올림픽 금메달 트레이닝**[총10편], 스포츠이벤트社, 1993). "그 때 소위 말해서 '러닝개런티' 계약을 했어야 했는데..."라며 웃음을 지어보이는 정형균 감독은 지금도 다양한 교재 개발을 통해 핸드볼 저변 확대와 발전을 위해 힘쓰고 있다(**모두의 핸드볼**(유튜브융합도서), 대한핸드볼협회, 2020).
한편 당시 정형균 감독은 주니어 대표팀을 맡아 중국에서 벌어진 제1회 아시아 여자주니어선수권대회(Asian Women's Junior Handball Championship)에서 우승을 일구는 등 선전을 벌이고 있었고, 여자대표팀은 서울올림픽 이후 1990년 북경아시안게임 금메달을 획득하며 순항을 하는 듯 하였으나 같은 해 서울에서 열린 세계여자선수권대회에서 11위라는 기대에 못 미치는 순위를 기록하며 큰 위기를 맞게 된다.

"철저히 준비하고 있었습니다.
1984년부터 국가대표와 주니어 코치를 하면서 가르친 선수들이 성장해서
1988년 서울올림픽에서 금메달을 획득할 때도,
1990년 서울에서 열린 세계선수권대회에서 한국이 11위에 그칠 때에도
나는 노트를 들고 관중석에서 메모를 하고 있었습니다.
노트에 상대 선수들의 분석과 한국 선수들의 장·단점을 분석하며 한국핸드볼의 가능성을 예감했죠.
언젠가는 분명 나에게 기회가 올 것이라 예상하며 준비를 하고 있었고,
그러던 중에 국가대표 지휘봉을 잡게 된 겁니다."

한국체대 1994 대통령기 핸드볼큰잔치 우승

1991 제29회 전국종합 핸드볼선수권대회 우승

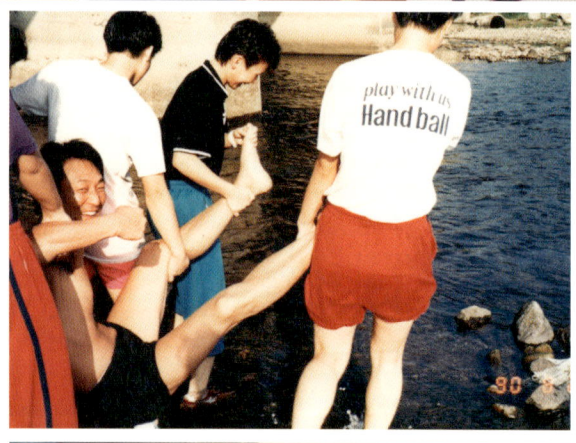

1991 전국체전 우승

1990 학생들과 즐거운 한 때

1990 우승 행가레

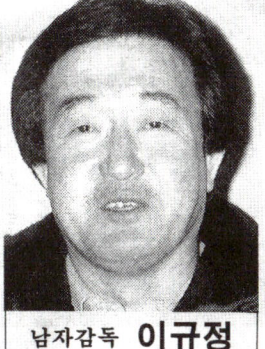

특히나 제10회 세계여자선수권대회는 대한핸드볼협회가 핸드볼의 저변 확대를 위해 많은 돈과 정성을 들여 유치한 대회인데다가, 국내에서 개최된 최초의 핸드볼 세계선수권대회로 언론과 대중의 관심이 집중되어 있었고, 5위 안에만 들어도 1992 바르셀로나올림픽 자동 출전권을 획득할 수 있었던 상황이라 협회는 물론 모든 핸드볼인들의 열망이 대단했다. 하지만 충격적인 최하위권의 성적에 대한핸드볼협회는 다급해질 수밖에 없었다.

이 때 정형균 감독을 요구하는 목소리가 높아진 것은 당연한 상황. 그러나 당시 36세였던 정형균 감독의 선임은 일선 실업팀 감독들의 반대와 강화위원회의 우려 속에서 난항을 거듭하게 되었다. 결국 신임 안청수 협회장과 강화위원들은 무엇보다 선후배관계를 중시하던 한국 핸드볼계, 더 나아가 한국 스포츠계의 관행을 뒤로 하고 파격적인 선택을 하게 된다. 당시의 분위기는 여러 기사들에서 극명하게 드러나고 있는데, 올림픽 티켓이 걸린 1991년 8월 일본 아시아선수권이 몇 개월도 안 남은 상황에서 지휘봉을 잡은 정형균 감독은 무엇보다 선수간의 융합 등 의식구조를 바꾸는 것을 목표로 하며 대대적인 체질개선에 나서게 된다(일간스포츠 91.03.08). 이렇게 정형균 감독은 8월 히로시마에서 열린 제3회 아시아선수권에서 전승으로 우승을 일궈내고 이렇게 바르셀로나 신화(평균연령 20.3세)의 시동을 걸기 시작하였다.

"한 번 인연을 맺으면 그 인생까지 책임지시는 분!
대한민국 핸드볼 역사에 한 획을 그은 정형균 감독님을 존경합니다."

- 박갑숙(바르셀로나 올림픽대표팀 주장)

국가대표 여자핸드볼 지휘봉을 잡은 정형균 감독이 처음 시작한 것은 '선수 물갈이'였다. 1990년 세계선수권대회에서 부진과 주전 선수들의 대표팀 합류 거부에 따른 '어쩔 수 없는 선수 물갈이'였다. 세계선수권대회에서 올림픽 자동 출전권 획득에 실패한 대표팀의 마지막 카드는 1991년 히로시마에서 열릴 아시아선수권대회에서 우승이었다. 이미 올림픽과 아시아대회에서 금메달을 획득한 기존 대표선수들에게는 '잘해야 본전'인 아시아선수권대회의 우승은 그 자체가 부담이었고, 이는 대표팀 합류 거부로 연결되었다(연합뉴스, 1991년 3월 8일). 이런 상황에서 정형균 감독은 특단의 조치로, 역대 최연소(연합뉴스, 1991년 5월 22일)로 대표팀을 구성하였다. 대부분 첫 태극마크를 가슴에 단 어린 선수들에게는 혹독한 지옥훈련이 기다리고 있었고, 팀은 점차 강한 면모를 보이기 시작하였다.

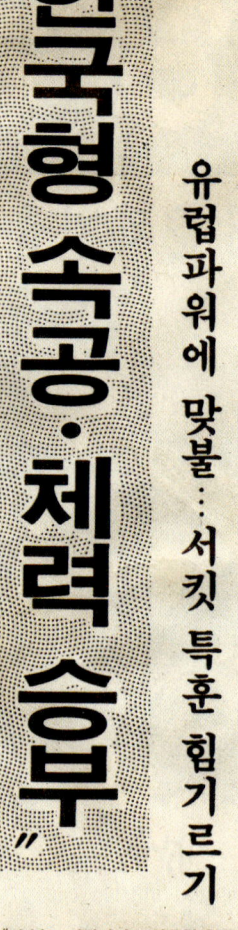
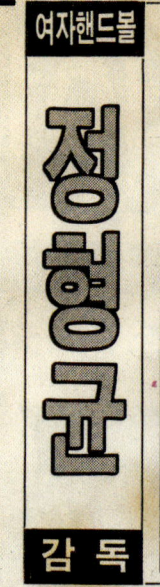

일간스포츠 92.03.04

"20~21세 어린 선수들로 물갈이 하면서도 전혀 불안감은 없었습니다. 시합장 가서도 꿀릴 게 없었거든요. 하지만 체격이며 신장이며 다 열세인데다, 게임을 할 수록 우리가 피로도 빨리 쌓이고 힘이 빨리 빠지니 체력 소모가 더 극심하다는 것이 문제였죠. 더군다나 체격의 열세는 수비에서 상대보다 많이 움직이는 것으로 극복해야 했는데, 결국은 체력을 키우는 것이 시급한 과제였죠. 선천적이지 못한 체력과 신체 조건을 후천적으로 만들어야 했던 겁니다."

88金메달 큰영광 재현하겠다

우승따낸 정형균감독

중국과 일본을 잇따라 꺾고 바르셀로나올림픽 티켓을 따낸 대표팀 정형균감독은 "남은 기간동안 열심히 훈련해 88올림픽 금메달의 영광을 바르셀로나에서 재현하겠다"고 말했다.

—일본전의 승리요인은.
▲우리의 조직 팀플레이가 일본보다 앞섰고 주전선수들이 모두 4~5골씩 골고루 넣어준 것이 도움이 됐다.

—일본의 전력에 대한 평가는.
▲최근 몰라보게 향상됐다. 특히 이번 대회를 앞두고 집중훈련을 쌓은 결과 조직력이 돋보였다. 야나가와 마쓰다 등의 플레이가 일본공격의 핵이었다.

—남은경기에 대한 대책은.
▲31일 대만과 마지막 경기를 갖는데 대만은 우리나라 여고팀수준이다. 쉽게 이길수 있다. 대만전에서는 후보 선수들을 대폭 기용해 경험을 쌓게 하겠다.

정형균감독

92티켓 견인 두주역

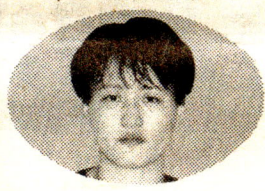
오성옥

언니들 도움받아 마음놓고 슛

수훈갑 골게터 오성옥

일본과의 경기에서 발군의 실력을 보여준 오성옥(19 한체대1)은 대표팀의 막내동이.

89년 동방여고 2학년때 태극마크를 단 이후 3년만에 주전골게터로 성장했다.

—이번 경기에 대한 소감은.
▲중국과의 경기에서 부진해 언니들에게 미안했는데 이번 게임에선 몸이 잘 풀려 좋은 플레이를 보인것 같다.
이호연 민혜숙언니들이 어시스트를 잘해줘 맘놓고 슛을 쏠 수 있었다.

—그동안의 연습은.
▲훈련이 너무 힘들어 감독 선생님 몰래 운 적도 있다. 그렇지만 올림픽티켓을 따고보니 보람이 크다.

—개인적 희망은.
▲집에서도 막내(1남 4녀)라 그런지 유난히 응석받이인데 집을 떠난지 일주일이 지나니 엄마가 보고 싶어 죽을 지경이다.
빨리 집에 가고싶다.

일간스포츠 91.08.29

새로운 여자핸드볼대표팀의 첫 관문은 일본 히로시마에서 열리는 아시아선수권대회였다. 이 대회에서 우승하지 못하면 전 대회 우승국이 올림픽에 참가도 못하는 나락으로 떨어질 수밖에 없는 상황이었다. 한국의 첫 상대는 1990년 서울 세계여자핸드볼선수권대회에서 치욕의 패배를 안겨주었던 중국과의 경기였다. 그러나 우려와 달리 한국팀은 27:18로 가볍게 승리를 챙겼다(연합뉴스, 1991년 8월 24일). 이후 한국은 대만, 북한 등을 하프스코어로 승리하고 일본과의 경기에서도 8점차 승리를 챙기며 올림픽 참가를 결정지었다(연합뉴스, 1991년 8월 31일).

"1990년 11월 서울에서 열린 세계선수권대회에서 사실 중국에게 졌잖아요. 그 경기를 직접 보면서 모든 플레이를 메모해놓았고, 경기 비디오도 분석하면서 완벽한 준비를 할 수 있었어요. 반대로 중국은 세대 교체된 상대를 전혀 모른 상태로 우리와 첫 경기를 치르게 되었는데, 중국의 에이스들이 한국의 변칙수비에 완전하게 당했어요. 공격력 또한 압도적이었죠. 변칙수비에서 상대의 실수를 만들어 내고 그 볼을 잡아 속공으로 이어지는 공수전환은 매우 스피디했고, 빈 공간을 돌파하여 득점을 올리며 많은 점수 차로 이겨 기뻤지만, 그 순간에도 나는 올림픽 금메달을 향해 가고 있었습니다."

아시아선수권대회를 끝내고 돌아온 여자핸드볼팀은 잠시의 휴식도 갖질 못했다. 정형균 감독의 꿈은 올림픽 금메달이지 올림픽 참가가 아니었기 때문이었다. 정형균 감독은 지속적인 지옥훈련으로 선수들의 체력을 강화시켰고, 신장의 열세를 극복하기 위한 다양한 훈련방법을 시도하였다(연합뉴스, 1992년 1월 11일).

올림픽V2 "새전략 있다"

여자핸드볼대표 정형균 감독

▶새로운 여자핸드볼대표팀과 함께 새출발해서 종래의 병리현상을 말끔하게 제거한 정형균감독.

프로필
- 1955년 1월 24일 경남 진주에서 출생
- 영남중(대구) - 청량공고(서울) - 원광대 - 경희대 대학원 졸업
- 핸드볼 국가대표선수로 76년 몬트리올올림픽 아시아지역대회 77년 아시안선수권대회(쿠웨이트) 출전
- 통일여고체육교사
- 아랍에미리트 알자지라클럽에서 선수겸 코치로 활약
- 한국체육대학 전임강사로 여자핸드볼팀 창단
- 84년 로스앤젤레스올림픽에 한국여자핸드볼팀 코치로 출전(준우승)
- 85년 세계청소년핸드볼선수권대회(서울) 한국여자팀 코치로 출전 (준우승)
- 90년 아시아청소년핸드볼선수권대회(중국 허페이) 한국여자팀 감독으로 출전(우승)
- 91년 아시아핸드볼선수권대회(일본 히로시마) 한국여자팀감독으로 출전(우승)
- 한국체육대학 부교수(현재)

SS초대석

세대교체후 정신력-팀워크 "만점"
"슈팅하나에 득점하나" 특공훈련
고도기술 적응력 빨라 유럽팀 제압자신

▶88서울올림픽 금메달의 영광을 재현시키려는 한국여자핸드볼선수들에게는 유럽의 장신선수들을 제압하기 위한 고도의 연마가 대표팀의 훈련을 강화하고 있다.

일간스포츠 91.09.08

"우리가 이기려면 남보다 뛰어나야 합니다. 신체적으로 유럽 선수가 우리보다 월등하기 때문에 이기려면 어쩔 수 없이 혹독하게 밀어 붙여야만 했어요. 힘들어해도 훈련을 시켜야 했고, 나이 어린 선수들이 울 때면 오히려 더 힘들게 할 수밖에 없었죠. 승리하지 않으면 아무 것도 없는 냉정한 스포츠세계에서 살아남으려면 결과를 만들어 내는 것밖에 없었기에 선수들이 힘들어하는 걸 알지만 모른 척 하고 강하게, 더 강하게 훈련을 시켰습니다. 힘들어도 꾹 참고 열심히 믿고 따라와 준 선수들에게 정말 고맙게 생각합니다."

지옥훈련 외에도 정형균 감독은 다양한 경로를 통해 정보를 수집하여 상대팀의 장단점을 완벽하게 분석하였고, 이를 토대로 시합전략을 세웠다. 이미 올림픽이 시작되기도 전에 정형균 감독은 머릿속에서 시뮬레이션을 통해 모든 참가국과의 경기를 끝낸 상태였다(스포츠조선, 1992년 8월 4일).

철저한 경기분석과 선수와 지도자가 한마음 한뜻으로 뭉치며 각고의 노력을 다한 여자핸드볼대표팀은 올림픽 금메달을 향해 출항준비를 서둘렀다. 1992년 바르셀로나 올림픽은 한국 여자핸드볼의 진정한 실력을 가늠할 수 있는 대회였다. 1984년 우리나라 대표팀이 은메달을 획득한 LA올림픽은 소련을 포함한 동구권이 불참하여 6팀만이 참가했고, 1988년 서울올림픽은 금메달을 획득했으나 개최국 이점에 대한 평가가 따르곤 했다. 그러나 바르셀로나올림픽에서는 국제대회 경험이 미흡한 신인들로 구성된 한국 여자핸드볼팀에게 유리한 것은 아무것도 없었다.

한국 올림픽대표팀의 첫 경기는 노르웨이와의 경기였다. 국제대회 경험이 적은 대표팀은 노장으로 이루어진 노르웨이를 맞이하여 경기 초반 고전을 면치 못했다. 하지만 시간이 갈수록 지옥훈련으로 올림픽을 준비한 한국 대표팀에게 노르웨이의 노련미는 통하지 않았다. 대표팀은 힘과 속공으로 몰아붙였고, 27:16으로 서전을 승리로 장식했다(연합뉴스, 1992년 7월 31일). 강적 노르웨이전에서 승리를 챙긴 한국대표팀의 두 번째 상대는 세계 5위의 오스트리아였다. 경기시작부터 일진일퇴의 게임을 벌이다가 결국 27:27로 비겼다. 경기 중 한국대표팀을 힘들게 했던 것은 상대 선수들이 아닌 심판의 편파판정! 심판의 휘슬은 경기의 맥을 끊어놓았고, 그때마다 정형균 감독의 가슴은 타들어 갔고 결국 항의는 퇴장으로까지 이어졌다.(연합뉴스, 1992년 8월 2일).

이렇게 실력으로 당당하게 4강에 오른 한국팀은 더이상 신인으로 이루어진 약한 팀이 아니었다. 한국팀은 유럽팀들이 제일 두려워하는 존재가 되었다. 정형균 감독은 오스트리아 경기에서 퇴장으로 인해 관중석에서 시합을 지휘해야만 했다. 정형균 감독은 당시 이전 경기의 퇴장이 차라리 잘된 일이었다고 회상한다. 부당한 감독의 퇴장은 선수들로 하여금 더욱 이겨야겠다는 집념을 갖게 한 것이다. 한국팀은 유럽 최강 독일과 4강 경기를 가졌고, 투지와 지치지 않는 체력으로 독일을 밀어붙였다. 우리 대표팀은 실력과 기량으로 앞선 독일팀을 패기로 눌렀다. 경기 초반 독일팀에 열세를 거듭하던 한국팀은 시간이 지날수록 체력이나 체격에서 밀렸으나 오히려 정신력으로 무장했다. 어려운 경기 속에 마지막 30초를 남기고 우리가 한 골 이기고 있는 상태에서 독일의 마지막 슛이 득점으로 연결되지 못하였고 26:25 한 골 차이로 가장 힘들고 어려웠던 승리를 이루었다(대한핸드볼협회회보, 1992년 8월 15일). 올림픽 직전에야 간신히 대회에 참가한 한국 핸드볼팀이 모두의 예상을 뒤엎고 결승전까지 오르게 된 것이었다.

금메달을 두고 한국핸드볼의 마지막 상대는 첫 경기에서 수월하게 승리한 노르웨이였었다. 노르웨이는 4강에서 세계선수권대회 1위팀이자 강력한 우승 후보인 러시아를 누르고 다시 우리와 올림픽 금메달을 두고 결승 경기를 갖게 된 것이다. 러시아를 한 번도 이긴 적이 없는 우리에게는 커다란 행운이었다. 예선에서 우리에게 패한 노르웨이에겐 한국 여자핸드볼팀은 '붉은 마녀들'이었다. 당시 유럽 강팀을 차례로 이기며 결승까지 오른 한국 여자핸드볼팀에 외신기자들은 많은 관심을 보였고, 한 노르웨이기자는 "동양에서 건너온 붉은 마녀들"이란 제목으로 기사를 작성하기도 했다(연합뉴스, 1992년 8월 8일).

"그동안 러시아에게 열세였던 한국팀에게 운이 따라주었죠. 하지만 운이 우선일 수는 없어요. 실력이 없으면 운은 따르지 않아요. 무식한 건지 맹랑한 건지 당시에는 겁이 없었어요. 무조건 하면 된다는 식으로 자신감을 가졌고, 승리를 위해 뭐든지 했어요. 기합도 주고 동기유발을 위해 이것저것 다했죠. 더 똘똘 뭉치고, 잡생각이 없어지도록 나름대로 계획된 채찍도 가하고, 이렇게 완벽한 준비를 한다면 경기 결과는 좋을 수밖에 없지 않겠어요?"

서울올림픽에서 금메달, 4년 뒤 바르셀로나에서 한국 여자핸드볼은 결국 또 다시 기적을 이루어냈다. 붉은 마녀 한국 핸드볼은 바이킹의 후예 노르웨이와 결승에서 시종일관 우세한 경기를 이끌었고, 결국 28:21로 승리를 거두었다. 한국 구기종목으로는 유일한 올림픽 2연패를 달성한 순간이었다(한겨레, 1992년 8월 9일). 휘슬과 함께 경기가 끝나고 대표팀 모두는 그 자리에서 뛰며 얼싸안고 울었다. 우승했다는 감동도 감동이지만, 그간의 힘들었던 지옥훈련이 그들을 서럽게 했다. 그 순간 한국 여자핸드볼은 하나였다. 여자대표팀 주장 박갑숙은 인터뷰에서 "우리의 전력으로는 너무나도 벅찰 거라고 우려했던 유럽의 강호들을 물리치고 우승을 해냈을 때 우리 선수단은 모두가 하나였다(동아일보, 1992년 12월 13일)"고 당시를 회상했다.

제25회 바르셀로나올림픽대회 참가 대한민국선수단 결단식기념

Gold

- Nam Eun-Young, Lee Ho-Youn, Kim Hwa-Sook, Moon Hyang-Ja, Min Hye-Sook, Cha Jae-Kyung, Hong Jeong-ho, Park Jeong-Lim, Park Kap-Sook, Lee Mi-Young, Lim O-Kyeong, Jang Ri-Ra, Oh Sung-Ok, Han Hyun-Sook, and Han Sun-Hee — Handball, Women's Team Competition

22074号 (第3種郵便物(가)級認可)

비인기·내분 딛고 神話 재창조

올림픽 2연패 女핸드볼

한국의 남자군이 또하나의 기적을 창조했다. 88서울올림픽서 아무도 예상못했던 금메달을 거머쥐며 세계의 관심을 모았던 여자핸드볼이 4년후 바르셀로나에서 또한번 코리아의열풍을일으킨것이다. 한국 구기역사상 최초로 이룩한 올림픽 2연패. 그것은 또한 경기당 5백명의 관중도 찾지않는 썰렁한 체육관에서 온몸에멍이 들어가며 뒹굴었던 16명 女戰士들의 통쾌한 한풀이이기도 했다.

한국여자 핸드볼의 올림픽2연패는 그러나 다른 어떤종목보다도 아프고 고통스러운 산고(産苦)를 딛고 일어선 결과.

78년 제7회 세계선수권대회에 첫출전하며 세계무대에 명함을 내민 한국은 이후 무서운 속도로 급성장, 84LA올림픽 은메달에 이어 88서울대회서 마침내 금메달을 일궈내는데 성공했다.

그러나 영광도 잠깐, 한국 핸드볼은 뜻하지 않은 내분과 세대교체의 실패, 그리고 무엇보다 팀창단에 인색한 기업주들의 외면으로 깊은 수렁에 빠지게 된다.

90선수권「고의패배」로 한때 "수렁"
온몸피멍 강훈련… 경험부족 보완

90년 서울에서 열렸던 제10회 세계선수권 대회서 「고의패배」 파문을 일으키며 참가 16개국중 11위로 곤두박질해 버린것.

협회내 비주류였던 감독이 첫게임서 패배한이후협회지도부의 무성의로 선수들이 이길생각을 않는다」는 폭탄발언을 터뜨리며야기된 이사건은 급기야 한국 핸드볼계의 대부 金宗河전회장의 퇴진을 몰고왔고 비인기종목의 터널을탈괴하려던 핸드볼에 다시어두운 그늘을 드리우고 말았다. 여기에 실질적인 실업팀이 여자부 3개팀뿐인 척박한 풍토는 좀처럼 개선될 전망을 보이지않아 선수들의 의욕을 꺾어놓곤 했다. 그러나 선수들만은 흔들리지않았다. 90년세계선수권이후 대폭 세대교체된 한국팀은 평균연령 21세라는 경험부족을 투지와 신앙으로 이겨내 다시한번 신화를 만들어 냈다.

가슴이 터질것같은 불암산 크로스 컨트리때의 고통, 남자들도 해내기힘든모래주머니안고 윗몸일으키기를 10여차례씩 해내면서 흘렸던 눈물. 큰언니인 美英이와 부모를 잃고 영세민 아파트에서 어려운 생활을 해온 恩英이, 그리고 막내廷昊까지 한국의 자랑스러운 딸들은 역경과 고난을 극복하고 기필코 승리를 쟁취하는한국인의투혼을세계에보여 주었다. <高錫泰기자>

2연패 금자탑

올림픽 2연패의 신화를 이룩한 한국여자핸드볼 선수들이 시상대에서 환호하는 팬들에게 꽃다발을 흔들며 답례하고 있다. <바르셀로나=올림픽사진 공동취재단>

50억축제 막바지 '金투혼'

Group B

Team	Pld	W	D	L	GF	GA	GD	Points
South Korea	3	2	1	0	82	61	+21	5
Norway	3	2	0	1	55	60	−5	4
Austria	3	1	1	1	64	62	+2	3
Spain	3	0	0	3	50	68	−18	0

Results				
South Korea		27–16	27–27	28–18
Norway	16–27		19–17	20–16
Austria	27–27	17–19		20–16
Spain	18–28	16–20	16–20	

Playoffs

Unified Team	22
Norway	**23**

South Korea	**26**
Germany	25

Norway	21
South Korea	**28**

Bronze medal match

Unified Team	**24**
Germany	20

"핸드볼은 결국 기술, 체력, 정신, 전술이 하나로 어울어 질 때 비로소 강한 '팀'이 될 수 있습니다.
모든 걸 걸고 쏟아 부었고, 또 모든 것을 믿고 따라와 준 선수들! 우리는 하나였습니다."

안청수 대한핸드볼협회 회장과 함께

정형균 감독은 최악의 악조건을 딛고 모두가 불가능하리라 여겼던 올림픽 2연패를 이룩한 공로를 인정받아
대한민국 체육최고훈장 청룡장(Supreme Medal of Physical Education)을 받았다.

스포츠서울상 시상식 1993.1.30

스포츠서울 1994.04.21

한국핸드볼 명승부사 정형균감독
국제무대 인기스타

IHF강사된뒤 터키 UAE등서 초청러시

정형균감독

한국핸드볼의 '명승부사' 정형균감독(한체대)의 국제적 인기가 날로 치솟고 있다.

지난 1월 아시아에선 처음으로 국제핸드볼연맹(IHF)의 코칭 및 지도방식위원회(CCM)의 정규강사 리스트에 오른 정감독은 오는 5월 터키와 아랍에미리트에서 열리는 지도자강습회에 잇따라 초청받는 등 세계적인 지도자로서의 명성을 착실히 쌓아가고 있다.

92바르셀로나 올림픽에서 한국구기 사상 처음으로 여자핸드볼의 올림픽2연패 신화를 일군 정감독은 먼저 터키핸드볼협회가 주최하는 아프리카-유럽지역의 세미나(5월13~18일)에 초빙받은데 이어 IOC 산하단체인 올림픽 솔리더리티와 아랍에미리트 핸드볼협회가 공동 주최하는 지도자강습회(5월 28일~6월6일)에 IHF의 정규강사로 공식 참여하게 됐다.

지난해 5월 세계핸드볼지도자강습회(독일 뒤셀도르프)에 특별강사로 나갔던 정감독은 이로써 IHF 정규강사로 선임된후 첫 활동을 펴게 됐다.

지난해 세계핸드볼 지도자강습회에서도 한국여자핸드볼의 올림픽 금메달 획득과정을 이론과 실기로 구분해서 강의함으로써 각국 지도자들로부터 호평을 받은 것으로 전해지고 있다.

이론+실기 명강의… 세계적 지도자 명성쌓아

1994년 터키 강습회. 가운데가 현 국제핸드볼연맹(IHF) 핫산 무스타파 회장(당시 IHF 기술위원장)

올림픽을 성공적으로 마무리한 정형균 감독은 더욱 바쁜 나날을 보내야 했다. 아니, 오히려 본격적으로 그의 질주가 시작되었다고 해도 좋을 것이다. 당시만 해도 영어로 의사소통이 되는 체육계 지도자가 많지 않았고, 특히 뛰어난 언변과 사람 좋은 웃음으로 기술적인 부분까지 재미있게 풀어나가는 탁월한 말솜씨는 그를 일약 국제핸드볼계의 "스타강사"로 등극시켰고, 각종 국제기구의 세미나와 강습회에 본격적으로 활동하는 계기가 되었다.

한국체대는 매년 회장기 전국대학핸드볼대회 우승, 대통령기 핸드볼 큰잔치 여자부 우승 등 각종 전국대회에서 정상의 자리를 지키기 위한 피나는 노력으로 성과를 내고 있었고, 정형균 감독은 대표팀과 한국체대를 이끌며 후속 핸드볼 영상교재(핸드볼기술비디오: 올림픽 금메달 트레이닝[총10편], 스포츠이벤트社(일본), 1993)를 개발하는 등 다양한 연구를 거듭하며 더욱 큰 꿈을 위한 도전을 준비하고 있었다.

"홈팀 헝가리도 한국의 소용돌이 전법(대각변칙수비)을
통제할 방법이 없었다.
한국은 여자핸드볼 역사에서
결코 경험하지 못한 엄청난 스피드를 과시했다."

- 국제핸드볼연맹

Austria &

The 1995 World Women's Handball Championship took place in Austria and Hungary 5–17 December 1995. It was the only to have 20 teams and the first to have multiple hosts. Korea won its first title in Vienna.

전무후무한 한국핸드볼의 세계선수권 제패
아시아선수권·올림픽 포함 그랜드슬램 달성

Hungary
1995 World Women's Handball Championship

바르셀로나 올림픽 금메달로 한국이 여자 핸드볼 최정상이라는 것은 누구도 부인할 수 없는 사실이 되었다. 올림픽 2연패를 이뤄낸 정형균 감독의 집념은 결코 우연이 아닌 노력으로 이뤄낸 인간승리의 드라마였으며, 그의 열정은 실패를 두려워 할 줄 모르는 오뚝이 같은 근성에서 나온 것이었다. 정형균 감독은 올림픽 2연패 후 한국 여자핸드볼 감독직에서 자진 퇴진하였고 대학으로 복귀하였다. 실상 정형균 감독이 자신의 의지대로 대표팀을 이끌 수 있었던 것은 언제든 돌아갈 수 있는 한국체대가 있었기 때문이었다. 그에게 한국체대는 국가대표의 재목을 다듬고 자신만의 핸드볼 기술을 연구하고 연마할 수 있는 커다란 버팀목이었다.

하지만 정형균 감독이 빠진 여자 대표팀은 제11회 세계선수권대회에서 전 대회와 같이 11위에 머물고 말았다. 2연속 올림픽을 재패한 팀의 예상치 못한 부진은 모두를 당황케 했다. 신인으로 구성된 한국대표팀은 국제경험도 부족하였고 체격조건이 월등한 유럽팀들과 맞서 초반에는 대등한 경기를 벌이다가도 막판 체력 저하로 맥없이 무너졌다(연합뉴스, 1993년 12월 5일). 물론 유럽팀들에 주춤한 가운데서도 아시아에서만큼은 최강이었다. 1994년 히로시마 아시안게임에서는 연승을 기록하며 홈팀 일본과의 결승전에서도 34:20으로 금메달을 획득하였다(연합뉴스, 1994년 10월 13일).
하지만 아시아의 호랑이로만 머물 수는 없었기에 협회는 다시 특단의 조치를 내리게 된다. 1995년 3월, 대한핸드볼협회는 국제경험과 이미 그 실력을 입증한 정형균 감독을 다시 대표팀 감독으로 선임하여 1996년 애틀랜타올림픽의 본선진출과 메달획득을 위한 발판을 삼았다(연합뉴스, 1995년 3월 7일).

당시 박천조 협회 전무이사는 "협회에서 볼 때, 올림픽 때나 국민의 관심을 받게 되는 비인기종목인 핸드볼이 그나마 명맥을 유지하기 위해서는 반드시 올림픽 메달이 필요했습니다. 그래서 정형균 감독을 재선임하게 되었습니다."라고 당시의 상황을 설명했다.

다시 대표팀 지휘봉을 잡은 정형균 감독은 올림픽아시아 최종예선인 1995년 제5회 아시아여자선수권대회에 참가하였다(한겨레, 1995년 3월 8일). 한국팀은 예상대로 중국, 일본, 대만과의 경기에서 3전 전승 우승으로 4회 연속 올림픽 본선티켓을 획득하였다(연합뉴스, 1995년 4월 8일). 올림픽 티켓을 획득한 이상 정형균 감독은 팀의 진정한 실력과 자신의 지도력을 시험해보고 싶었다. 그는 그 무대로 오스트리아와 헝가리에서 공동 개최된 제12회 세계여자선수권대회를 선택하였다.

세계선수권대회 3회 연속 11위라는 지긋지긋한 징크스를 깨고 적어도 4강 이상의 성적을 내고 싶었다. 당시 한국 여자핸드볼은 올림픽에만 치중했던 관계로 올림픽 2연패의 영광을 차지하면서도 세계선수권대회에서는 하위권에 머물러 있었다(연합뉴스, 1995년 12월 4일). 세계여자선수권대회가 정형균 감독에게는 3연패에 도전하는 애틀랜타올림픽의 전초전으로 상대팀들의 전력을 파악하고, 한국팀의 전력을 점검할 수 있는 좋은 기회라고 판단하였다. 올림픽은 8개국만이 경기를 갖는데, 자동출전권을 갖는 주최국과 대륙별 대표를 빼면 실제 우승후보는 5~6개국으로 압축된다. 반면 세계선수권대회는 실질적인 세계강국이 모두 출전하여 쉽게 우승후보를 예상할 수 없는, 진정한 세계정상을 가리는 대회였다(연합뉴스, 1995년 12월 18일).

총20개국이 참가한 1995년 세계여자선수권대회에서 한국대표팀은 독일, 러시아, 앙골라, 중국과 함께 C조에 편성되었고 첫 경기를 세계 최강 전력의 러시아와 갖게 되었다. 러시아의 최장신 선수들은 기교는 물론 막강한 체력까지 두루 갖추고 있었다. 따라서 우리가 이기려면 속도전으로 승부를 걸어야 했고 엄청난 체력소비가 예상되었다. 경기 당일 정형균 감독은 선수들을 격려하기보다는 몰아붙였다. 전반까지 힘든 경기를 하던 한국은 후반에 러시아의 힘의 공격을 속도로 막았다. 결국 24:20으로 러시아의 철의장벽을 허물었다(경향신문, 1995년 12월 7일). 최강 러시아의 장벽을 넘은 정형균 감독은 우승에 대한 자신감을 가졌다.

날짜/시간	팀1	스코어	팀2
5 December 1995 17:30	Germany	30 - 19 (17 - 10)	Angola
5 December 1995 19:30	South Korea	24 - 20 (12 - 13)	Russia
6 December 1995 17:00	Germany	29 - 23 (14 - 12)	China
6 December 1995 15:00	Russia	26 - 17 (17 - 6)	Angola
7 December 1995 17:00	South Korea	32 - 18 (13 - 7)	China
8 December 1995 15:00	South Korea	34 - 20 (19 - 7)	Angola
8 December 1995 17:00	Russia	18 - 18 (10 - 6)	Germany
9 December 1995 17:00	China	34 - 20 (15 - 9)	Angola
10 December 1995 16:00	Russia	31 - 15 (18 - 7)	China
10 December 1995 18:00	South Korea	24 - 20 (11 - 9)	Germany

"예선 첫 경기에서 역대 세계선수권대회에서 한 번도 이겨보지 못한 우승 후보 러시아를 상대로 초반 고전을 하면서 12:13으로 1점차 리드를 당하고 있었습니다. 전반전 끝나고 선수대기실에서 목소리를 높여가며 경기 집중과 자신감을 강조하고, 수비 작전을 바꿔 러시아의 혼을 빼는 대각변칙수비, 즉 벌떼수비로 값진 1승을 챙겨낼 수 있었죠. 러시아를 이기고 나니 갑자기 우승후보가 한국으로 바뀌더군요."(정형균 감독 인터뷰, 2011년 11월 7일).

그 뒤 한국팀은 중국, 앙골라와의 예선경기에서 선수들을 고루 기용하는 여유를 보이면서 승리를 챙기고(국민일보, 1995년 12월 9일), 전 대회 우승국인 독일과의 예선 마지막 경기에서도 24:20으로 승리하며 4전 전승으로 본선 16강에 올랐다(연합뉴스, 1995년 12월 9일). 한국팀은 16강전에서 다시 만난 앙골라를 상대로 승리를 거두었고 다시 독일과 준결승 진출을 놓고 경기를 갖게 되었다(연합뉴스, 1995년 12월 13일). 독일과의 8강전에서 한국은 특유의 속공과 조직적인 플레이, 후반전의 철벽수비로 후반에 단 5실점만 허용하며 다시 독일을 20:15로 이겼다(연합뉴스, 1995년 12월 15일). 이로써 한국 여자핸드볼은 처음으로 세계여자선수권대회 4강에 오를 수 있었다. 당시 한국팀의 주전이었던 오성옥은 당시의 승리를 잊지 못한다.

"독일전은 이미 예선에서 우리가 이겼지만 이상하게 긴장이 많이 되었어요. 경기 전 몸을 풀기 위해 워밍업을 하는데 우리가 파이팅을 했더니 독일 감독이 꿱! 꿱! 꿱! 소리를 치며 우리를 약 올렸어요. 세계선수권대회 준비하는 시일이 너무 짧아 모두들 걱정을 많이 했고, 전반전에 한 골 지고 나왔는데, 감독님이 역시 기분이 좋지 않았죠. 감독님이 작전지시를 다시 주면서 시간 충분하다고 격려해 주셨어요. 그런데 신기하게도 감독님이 내린 그 작전이 통하는 거에요. 감독님의 판단으로 인한 작전지시는 선수인 저희들이 정말 깜짝 놀랄 정도로 정확했어요. 감독님이 시키는 대로 하면 이 경기에서 충분히 이길 수 있을 거라는 믿음이 생겼어요."

4강전을 앞두고 한국팀은 지옥같은 경기일정을 경험하였다. 마치 한국팀의 우승을 막기 위한 편협한 전략 같았다. 박정림 선수는 당시를 다음과 같이 회상했다.

"8강전에서 독일을 이기고 버스로 헝가리 국경을 넘어 오스트리아로 이동하는데 20시간 이상을 고생하며 겨우 새벽에 숙소에 도착했어요. 그런데 바로 아침식사하고 쉬었다가 저녁에 준결승을 하는데, 신기하게도 몸이 공중에 떠다니는 것처럼 가벼웠어요. 많이 득점하고 많은 실점도 한 경기지만 특별한 기억으로 남아있어요."

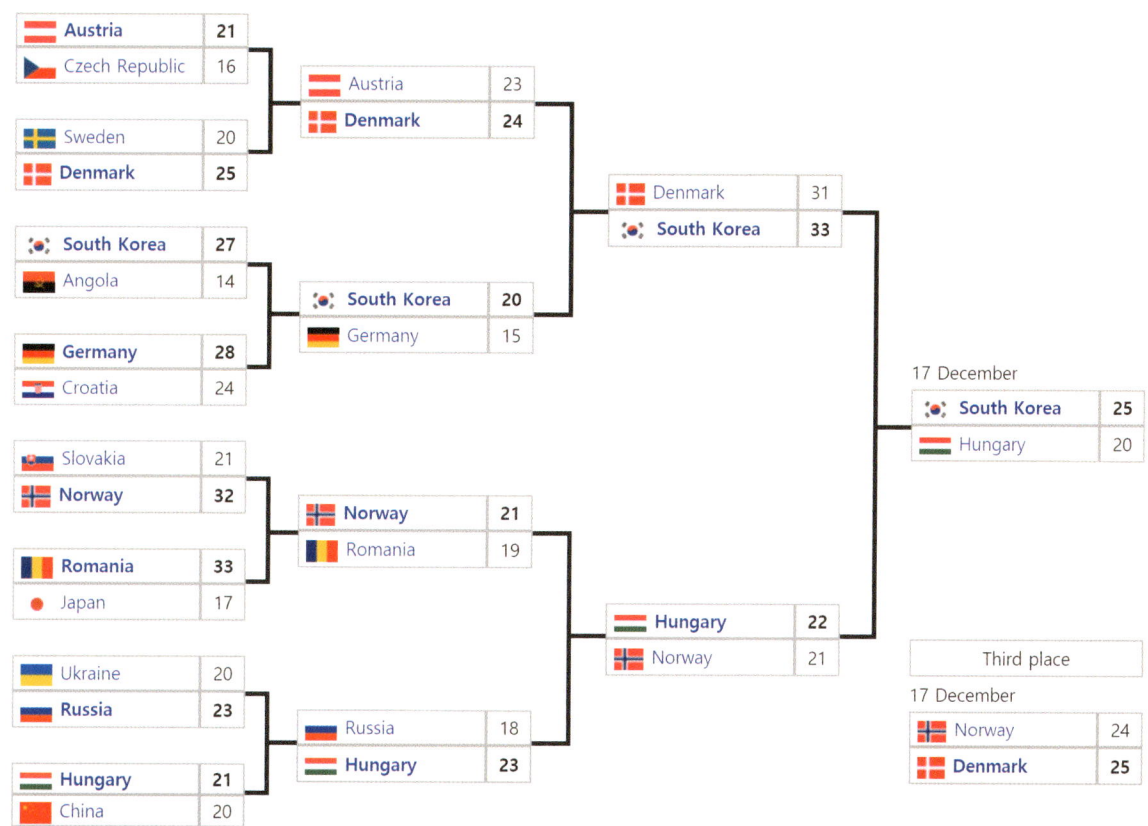

사상최초로 세계대회 4강에 오른 한국팀은 유럽선수권대회의 챔피언 덴마크와의 준결승에서 동점과 역전을 주고받는 치열한 접전 끝에 33:31로 극적인 승리를 거두고 결승에 올랐다(연합뉴스, 1995년 12월 16일). 이로써 올림픽을 2연패 했음에도 세계여자선수권에서 유독 저조한 성적을 기록했던 한국은 헝가리를 상대로 세계여자선수권대회 우승을 노리게 되었다.

이미 경기장은 공동개최국 헝가리 응원단으로 가득 찼고, 누구도 한국의 우승을 원치 않는 상황이었다. 한국팀 선수들은 기가 죽을 수밖에 없었고, 어떻게 지난 줄도 모르게 전반을 끝냈고 결과는 2골 차로 지고 있었다. 락커룸에 들어간 선수들은 모두 정형균 감독에게 질책을 받을 것이라 생각했다. 그러나 정형균 감독은 오히려 많은 격려로 용기를 북돋아 주었다. 헝가리와의 결승전에서 한국팀은 전반전의 부진을 이겨내고 후반 상대 예상을 뒤집는 수비대형인 6:0 대형에서 변칙을 혼합한 작전이 성공을 거두면서 속공이 살아나 결국 25:20으로 극적인 역전승을 거둬 감격의 세계여자선수권대회 우승을 차지하게 되었다.

1995년 세계여자선수권대회에서 한국 여자핸드볼팀은 아무도 예상하지 못했던 우승을 극적으로 만들었다. 정형균 감독이 또 다른 기적을 만든 것이었다.

우승기념주

"어느 기자가 가장 기억에 남는 대회가 무엇이냐고 묻길래 당연히 1995 세계선수권대회라고 말했죠.
아무도 기대도 안했었고, 선수들에게는 잘해준다고 하면서도 전지훈련 내내 연신 몰아칠 수밖에 없었고
이런 저런 논쟁도 거치는 등 우여곡절이 참 많았습니다.
그렇게 일궈낸 대한민국에는 전무후무한 세계선수권대회 우승은 정말 최고의 기분이었죠."

임오경 선수 제12회 세계여자핸드볼선수권대회 MVP수상

임오경 선수 국제핸드볼연맹 1995 최우수선수 선정

임오경 선수는 1995 세계선수권대회 등의 활약으로 국제핸드볼연맹에서 세계 최우수선수로 선정되었다(1996 시상).

열정을 깨우는 리더십

"정형균 교수의 빛나는 업적은 핸드볼에 대한 끊임 없는 도전과 작은 것 하나라도 놓치지 않는 열정에 기인합니다.
애틀랜타 올림픽을 준비하던 선수촌 시절, 하루는 다른 종목에게 운동장 자리를 빼앗긴 적이 있었어요.
감독님이 운동장으로 나와서 있어야 할 자리에 우리가 없는 걸 확인하시곤 얼굴색이 변하시더군요.
핸드볼은 자리싸움에서 지면 이미 경기에서 진 거나 다름 없다.
그날은 새벽 훈련 내내 반 죽는 줄 알았습니다. 물론 그 후로는 두 번 다시 자리를 빼앗겨 본 적이 없지요."

- 오성옥(올림픽 금메달리스트)

정형균 감독의 리더십은 체계적이고 강도 높은 훈련을 통한 근성, 승리를 위한 체력훈련, 승리를 위한 팀워크 조성과 과학적 경기분석 등으로 정리될 수 있다(오성옥, 임오경, 홍정호, 정형균 감독, 초점집단인터뷰).
정형균 감독은 언제나 한계를 뛰어넘는 강도 높은 훈련을 통해 어린 선수들에게 열정과 근성을 주입시켰다.
무엇 하나를 하더라도 최고로, 최다로 해야만 했다.
체력과 체격이 월등한 유럽선수들과 맞서서 이기려면 무엇보다도 근성이 있어야 했기 때문이었다.
태릉선수촌에서는 매일 새벽 6시에 클리닉소리 기상 음악소리와 함께 대운동장에 전 종목선수가 모여
가벼운 에어로빅으로 워밍업을 시작하는데, 여자핸드볼팀은 30분 먼저 나와 운동장에 자리를 확보해야 한다.
정형균 감독이 정해놓은 자리는 숙소에서 운동장으로 이어지는 가장 가까운 자리다.
'늘 같은 훈련자리 확보'라는 것이 별 것 아닌 것처럼 보일 수도 있다.
그러나 정형균 감독은 '훈련도 시합처럼 해야 하고, 핸드볼에 있어서 아무것도 아닌 것은 하나도 없다'고 말한다.

"난 항상 선수들이 연습을 시합처럼, 시합을 연습처럼 할 수 있도록 늘 긴장감을 유지시키기 위해 노력했어요.
 훈련을 통해 강한 열정과 승부욕을 키우고 근성을 다져나가는 것이죠.
 작은 것 하나라도 포기하는 것을 용납할 수 없었습니다. 누군가는 사소하다고 여길 수 있겠지만
 그래서 태릉선수촌 운동장의 자리싸움은 올림픽 결승과 다르게 없었던 겁니다.
 그 뒤로는 한 번도 핸드볼 자리를 빼앗겨 본 적이 없던 것 같아요."

1996 애틀랜타 올림픽 기원 헌사
대송 주진규 작가

"감독님께 배운 가르침!
'불가능은 없다'는 모토가
내 인생을 이끌어 간다."

- 최근연(前국가대표)

"교수님께 배운 4년이 내 인생
최고의 배움이었고,
그것이 나를 어떠한 사람과 선수로
살아가야 하는지 결정짓게 했다."

- 구창은(두산핸드볼)

"핸드볼 발전을 위한 연구와
제자들에 대한 사랑과 열정이
누구보다 뜨거웠던 교수님!
그가 바로 이 시대의 큰 스승이다."

- 배승남(한국체대 87학번)

1996 애틀랜타올림픽

아쉬운 올림픽 은메달
한국 핸드볼의 새로운 내일을 향하여!

"연구하는 지도자, 분석하는 지도자,
그 누구보다 시대를 앞서 나간 지도자 정형균!
그런 지도자 밑에서 배운 우리는 행운아였다."

- 조은희(올림픽 은메달리스트)

승부사 magazine X

'승리하려거든 나를 따르라'

여자 핸드볼대표 감독 정형균

치열한 승부근성·끊임없는 연구
혹독한 훈련으로 유명한 '하이드'
세계선수권 사상첫 금메달 제조
올림픽 3연패 위해 다시 장고

지난해 12월 18일 파리 사를 드골공항. '하이드', 정형균감독(41)은 어느새 '지킬박사'로 변해있었다. 막다른 골목까지 선수들을 내몰았던 정감독이었다. 이때는 담담한, 자상한 교수 한체대의 얼굴로 바뀌어 있었다.

"애들아, 이것 하나씩 나눠가져". 면세점에 들러 뭔가를 한보따리 사온 '지킬박사'는 선수들에게 그 보따리를 풀었다.

파운데이션 선물, 선수들은 함박웃음을 지었다. 운동으로만 세월을 보냈던 여자들이었지만 선물에는 역시 약했다.

"선생님, 고맙습니다".

파운데이션 선물에는 숨은 뜻이 있었다. 9월 서울컵대회, 포스트 김량(한체대)이 특히 부진했다. 정감독은 러시아전을 끝내고 두손으로 김량의 뺨을 쳤다.

여러 김량의 뺨은 다음날 아침 시퍼렇게 손바닥자국이 났다. 김량은 할수없이 '파운데이션'을 짙게 바르고, 다음 경기에 나서야 했다. 그 뒤 정감독은 선수들이 제 뜻대로 움직여주지 않을 때마다 농반 진반으로 한마디씩했다. "파운데이션 바르지 말라".

'하이드'는 그러면서 한가지 약속했다. "너희들이 만약 세계대회에서 우승한다면 파운데이션을 선물하겠다".

그 지긋지긋했던 지옥훈련, 어찌나 힘들었던지 악에 받친 감독의 허리를 사정없이 물어버리기도 했던 선수들.

그러나 세계대회 사상 첫 우승의 과실을 딴 지금 과거는 잊혀졌다. 선수들은 그 지옥훈련 속에도 불평한마디 하지않았다. 그건 믿음이었다.

'하이드'의 혹독함이 비록 힘들어도 그걸 견디면 우승이라는 영광이 있다고 믿었기에. 92바르셀로나 금메달리스트 오성옥과 임오경은 외국기자 인터뷰에서 늘 그랬다.

"올림픽 3연패요, 정형균감독이 맡으신다면 할 수 있어요". 선수들을 워낙 다그치는 탓에 그걸 못지않은 시선으로 바라보는 사람들도 많다.

그러나 정감독은 반문한다. "보통 외국선수들과 몸무게 10kg, 키 10cm정도 차이나죠. 몸싸움이 심한 핸드볼에서 남들과 똑같이 하면 체력에서 져버려요. 혹독한 훈련만이 올림픽, 세계대회 우승의 비결은 아니죠.

정감독은 세계대회 우승후 귀국길에 비디오 30개를 챙겨왔다. 1,000개의 비디오 테이프를 갖고있는 '비디오맨 정형균'은 틈만 나면 그걸 보고 또 본다.

위기 때마다 교체선수를 기용하면서 "이렇게 이렇게 해서 요렇게 슛을 날려라"라는 공식을 말해준다. 교체 기용된 김은미와 이상은은 러시아전과 독일전에서 그 공식에 충실히 따랐다. 그 곁에 위험한 고비를 넘겼다.

세계대회 도중에 네까풀 꿈은 적이 있다. 경기가 풀리지 않으면 밥맛이 없는 탓이다. 연습경기에서도 만약 지길 때까지 하자고 덤빈다. 이거야 '연습 끝'이다. 치열한 승부근성과 공부, 그것을 합쳐 우승을 몰고다니는 지도자라는 이름을 얻었다.

올림픽과 세계대회 금을 따낸 정감독은 새 틀을 맞아 또다시 장고에 들어갔다. 애틀랜타 올림픽 금메달 작전 때문이었다.

현재 한국 핸드볼은 경쟁국과 전력 4끌차 정도 앞선다는 평을 받는다. 세계정상의 비결은 별게아니다. 그게 간과하면 설 자리가 없다.

'하이드'는 그래서 요즘 고민이 많다. 럭비선수 출신을 트레이너로 기용하는 문제를 심각하게 고려하고 있는 것도 이때문이다.

핸드볼 큰잔치가 끝나면 3월부터 다시 올림픽 작전에 들어간다. '지킬박사'는 그때 가서 다시 '하이드'로 변해 선수들과 씨름할 것이다.

올림픽 금을 따면 그때부터는 후진 양성에만 힘을 쏟을 작정이다.

세계대회 우승으로 받은 격려금 1천2백만원 중 일부를 이미 국외 지도자 강습회 비용으로 떼어 놓았다. 아내도 돈 얼마받았느냐, 안주느냐 등 바가지를 긁지 않는다. 핸드볼인으로 가장 출세했다는 소리를 듣는 남편이 자랑스럽기 때문이다.

〈글 이기환·사진 정원일기자〉

정형균?

▲생년월일: 55년 1월 24일
▲태어난 곳: 대구
▲체격: 1m85, 80kg
▲학력: 대구중앙국-영남중-청량공고-원광대
▲현소속: 한체대 정교수
▲경력: 75~77년 국가대표 6년으로 활약
 77년 아시아선수권 득점왕
 79~82년 중동서 활약
 84년 대표팀코치로 LA올림픽 은 획득
 86년 한체대 조교수 승진
 90년 북경아시안게임 감독으로 금획득
 92 바르셀로나 금
 95 세계선수권 금
▲즐겨읽는 책: 중국고전
▲저서: 「핸드볼기법」, 핸드볼교재테이프 20권 펴내 일본에 수출
▲가족관계: 유혜주(34·서울여중교사)와 사이에 종민(11), 종우(7) 등 2남

경향신문 1996.1.1

아시아선수권대회, 올림픽 금메달과 함께 세계여자선수권대회 우승을 차지하면서 명실공히 '그랜드슬램'을 달성하고 세계가 인정하는 세계정상에 오른 한국 여자 핸드볼. 세계선수권대회 우승으로 이제 한국 여자핸드볼팀의 올림픽 3연패는 당연시되었다. 당시 언론은 여자핸드볼은 이변이 없는 한 금메달은 따놓은 당상이라고 연일 보도하였다(동아일보 1996년 7월 19일, 경향일보 1996년 7월 26일, 한겨레 1996년 7월 26일). 이런 여론은 협회, 감독, 선수들에게는 말로 다할 수 없는 중압감으로 다가왔다. 막중한 부담감을 벗어날 수 있는 단 한 가지 방법은 훈련이었다. 정형균 감독은 혹독한 훈련으로 선수들에게 마음의 짐을 벗어버리게 했고, 자신도 선수들과 함께 연일 훈련에만 열중했다.

집중적인 훈련으로 어느새 다가온 1996년 애틀랜타 올림픽. 한국 여자핸드볼팀은 독일과의 예선 첫 경기, 앙골라와의 두 번째 경기를 모두 승리하였다. 하지만 한국팀이 후반전에 앙골라에게 예상 외로 고전하자 정형균 감독은 "상대를 너무 얕잡아 봤다. 숙소로 돌아가 정신무장을 다시 하겠다(연합뉴스, 1996년 7월 29일)"며 경기 내용에 불만을 표출했다.

"앙골라를 이기는 것이 목적이 아니었죠. 금메달을 따기 위해서는 절대적으로 방심은 금물이었는데 점수 차가 많이 나니까 선수들이 슬슬 경기를 하더군요. 그래서 '바로 오늘'이라는 생각이 들었죠. 더 강하고 더 높은 곳에 가기 위해서는 일부러라도 정신교육을 해야겠다는 생각이 든 겁니다. 숙소에 와서는 함께 마음을 다잡고 팀워크가 깨지지 않도록 다시 한번 점검을 해야만 했습니다."

경향신문 1996.7.3

여자핸드볼팀의 지옥훈련
90~100kg 바벨등 상식초월
참다못한 선수가 감독 물기도

세계정상의 핸드볼, 상식적인 훈련만으론 불가능하고 그래서 핸드볼의 훈련은 선수촌에서도 지독하기로 유명하다.
오전 10시, 웨이트체육관. 90~100kg의 바벨을 들고 앉았다 일어서는 동작을 반복하다 보면 근육이 뭉쳐 버린다. 45도 경사진 판에 거꾸로 누워 윗몸일으키기. 목에 두른 20kg이나 되는 모래주머니가 몸을 뒤로 끌어 내린다. 악이 생기도록 매몰차게 짓누르는 감독의 손. 참다못해 감독의 허리를 물어버린 적도 있다.
60kg이나 되는 바벨을 들고 하는 점프 스커트. 평균 10cm나 큰 유럽선수들을 이기려면 더 높이 솟구쳐 올라야 한다. 일주일에 2번은 100여가지나 되는 체력단련기구를 정해진 시간에 모두 마치는 서키트 트레이닝. 근육이 찢어지는 듯한 고통이 따른다.
오후3시부터 7시까지 팀플레이훈련을 한다. 수비와 공격훈련. 안되는 동작은 될 때까지. 100개 이상의 슈팅연습. 무릎엔 감각도 없다.
다른종목 선수들은 휴식을 갖는 저녁시간. 여자핸드볼선수들은 8시30분 다시 모인다. 정형균감독이 주도하는 비디오분석시간이다. 외국팀과의 경기장면을 분석해 실수한 것은 서너번씩 반복, 머리속에 각인시킨다. 지적된 사항은 다음날 체육관에서 그대로 재현, 고쳐질 때까지 연습해야한다.
견디기 힘든 순간들. 도망쳐 버리고 싶은 마음이 굴뚝같다. 어서 올림픽이 끝났으면. 정상은 결코 쉽게 오를수 없다.

결국 예선 마지막 상대인 노르웨이를 상대로 25:21로 승리하며 3전 전승으로 조 1위가 되어 준결승에 오르게 되었다(연합뉴스, 1996년 7월 31일). 준결승에서 한국팀은 세계선수권대회 준우승을 한 헝가리를 상대로 경기를 치르게 되었다. 한국팀은 경기 시작부터 정신없이 헝가리를 몰아부쳤고, 한 치의 추격도 허용하지 않으며 39:25, 14점차로 가볍게 완승을 거두었다(연합뉴스, 1996년 8월2일).

"애틀랜타올림픽 준결승전 상대는 헝가리였어요. 선수들은 헝가리에 대한 자신감이 넘쳤는데, 오히려 감독님이 긴장을 하셨는지 작은 실수에도 표정이 안 좋아 보였습니다. 헝가리를 가볍게 누르고 들어온 후에도 감독님의 표정은 어두웠어요. 당시에는 그 이유를 몰랐죠." (김은미)

준결승을 앞두고 정형균 감독은 오성옥 선수의 부친께서 세상을 떠나셨다는 사실을 접하게 된다. 최대한 내색하지 않으려 했지만 가슴 한 켠의 무거운 마음이 이미 압박으로 다가오고 있었던 것이다.

결승에서는 예상대로 5전 전승으로 올라온 유럽최강 덴마크와 맞붙게 되었다. 경기 초반 한국은 기선을 제압하며 한때 5점차로 따돌리며 경기를 주도했으나 후반 시작과 더불어 급격히 체력이 무너지면서 29:29, 동점으로 연장전에 돌입하게 되었다. 하지만 문제는 역시 유럽 편파적인 판정에 있었다. 경기 내내 오심은 정형균 감독을 흔들었고, 결정적으로 후반 마지막 1분여를 남겨놓고 한국의 공격상황에서 오성옥 선수가 슛을 시도하는 과정에서 나온 덴마크의 수비반칙에도 휘슬은 울리지 않았다. 결국 올림픽 3연패는 이루어지지 않았다. 연장전에서 한국은 덴마크에게 37:33으로 분패하면서 은메달에 그쳤다(연합뉴스, 1996년 8월 4일). 정형균 감독은 결승전 직후 기자회견에서 은메달의 아쉬움을 피력했다.

"경기 초반 5점차로 리드를 할 때 더 많은 점수 차를 벌려놓지 못해 역전의 빌미를 제공하면서 체력이 급격히 떨어졌고, 수비가 흐트러지면서 상대 에이스를 막아내지 못한 것이 패인입니다. 패장으로서 할 말은 없으나 그동안 힘든 훈련을 참아준 선수들에게 정말 고맙습니다."(연합뉴스, 1996년 8월 4일).

모두가 심판의 편파판정 때문임을 알고 있음에도 정형균 감독은 당시 경기의 패인을 자신에게 돌렸다.

"지금까지 지도자로서 가장 벤치를 못 본 경기가 두 번 있었는데, 그 중 한 번이 애틀랜타올림픽 결승전이었어요. 랑이가 퇴장을 2번이나 당했으니 공격만 시키고 수비를 안 시켰어야 했는데 심판 판정에 너무 예민하게 반응하다 보니, 그 사이 랑이가 실격을 받고 연장전에 가서는 랑이 자리에 교체할 선수가 없는 거에요. 감독으로서 할 일을 못 한 거죠. 그때 남들 모르게 정말 많이 울었죠. 올림픽에서 3연패를 달성한다는 게 너무도 부담스럽고 힘들었지만, 그래도 할 수 있었는데… 눈앞에서 놓친 금메달… 잘 할 수 있었는데, 개인적으로 많이 잘하려고 노력했는데, 내가 실수했던 거죠."

하지만 올림픽에서의 은메달도 엄청난 영광이다. 그러나 너무나 당연시 여겼던 핸드볼 금메달이었기에 한국 여자핸드볼의 은메달은 선수, 지도자, 국민 모두에게 아쉬움으로 남을 수밖에 없었다. 시상식에서 선수들은 은메달을 목에 걸면서도 결코 기뻐하는 표정이 아니었다. 엄청난 훈련과 고난을 이겨내며 오로지 금메달만 염원했기 때문이었고, 더욱이 실력이 아닌 부차적인 문제로 인한 패배라는 생각이 모두를 더욱 힘들게 했던 것이다. 당시를 홍정호 선수는 이렇게 회상했다.
"모든 국민이 당연히 금메달이라고 믿었겠지만 우리에게는 부담이 너무 컸어요. 결승전에 연장까지 가서 지고 나니, 너무도 허망했어요. 2등도 잘 한 건데, 모두가 죄인처럼 울고 있으니 전 협회장이셨던 김종하 회장님이 은메달도 정말 잘 한 거라면서 당당하게 입장하여 시상대에 오르라고 격려해 주셨어요. 그리고 선수들은 조금씩 웃기 시작했는데, 감독님은 계속해서 속상해 하셨어요. 선수들에게는 '수고했다'고 '잘했다'고 하시면서 정작 본인은 너무 힘들어 하셨죠. 한국으로 돌아오는 날까지 거의 식사도 못하셨어요."

한국 여자핸드볼은 올림픽대회 3연패는 실패하였다. 하지만 그랜드슬램을 달성한 정형균 감독은 누가 뭐래도 세계최고의 핸드볼 지도자였다. 그의 지도력과 훈련방법은 지금까지도 회자되고 있으며, 그는 훈련방법과 실전 테크닉을 자세히 서술한 저서와 논문 등을 통해 여자핸드볼의 수준을 한 단계 끌어올렸다. 그는 자신의 선수들보다 우수한 체격을 가진 외국 선수들과의 경기에서 승리하기 위한 다양한 방법을 찾아 순수 '한국형 핸드볼'을 만들어 냈다. 뿐만아니라 그는 철저한 노력파, 준비된 승부사로서 약팀과 강팀을 가리지 않고 과학적인 분석을 통해 철저히 준비하여 승리하였다. 생각하는 승부사 정형균 감독의 신화는 그렇게 만들어진 것이다.

힘에밀려 날려버린 3연패 꿈

여자핸드볼 70분 연장혈투끝 덴마크에 역전패

 핸드볼

【애틀랜타=올림픽특별취재단】경기종료를 앞두고 허용한 페널티스로를 오영란이 극적으로 막아내 경기가 연장전으로 접어들었을 때만해도 승리의 여신은 한국선수에 기우는 듯했으나 역시 막판 체력저하가 문제였다.

한국여자핸드볼이 4일 조지아 월드 콩그레스센터에서 열린 유럽의 강호 덴마크와의 핸드볼 여자부 결승에서 연장까지 가는 70분간의 사투끝에 체력열세로 37-33으로 역전패, 은메달에 그치며 올림픽 구기종목 여자부사상 최초의 3연패꿈이 좌절됐다.

후반 들어 급격한 체력감퇴로 잦은 패스미스, 그리고 덴마크 골게터 안야 율 안데르센에 대한 봉쇄실패가 가져온 안타까운 역전패였다.

전진 일자수비를 내세운 한국은 게임메이커 임오경의 발빠른 볼배급에 이은 오성옥·홍정호로 이어지는 좌우쌍포의 재치있는 득점과 김미심·김은미 양날개의 사이드슛으로 아슬한 리드를 지켜나갔다.

불길한 징조는 후반 19분쯤 모습을 드러냈다. 수비수들의 체력이 현격히 떨어지면서 덴마크 안데르센은 골에어리어 바깥쪽에서 외곽슛을 마음대로 터뜨렸고 스코어는 어느새 23-23으로 동점.

후반 22분 김미심의 볼을 가로챈 호프만에게 사이드슛을 허용, 25-24로 1점을 뒤진 한국은 임오경과 김랑의 릴레이골과 홍정호의 힘 넘친 골로 경기종료 2분여를 남기고 29-28로 앞섰으나 카밀라 안데르센에게 동점골을 다시 내줬다.

연장 전반 들어 덴마크는 체력열세로 수비가 허술한 한국문전을 마구 뚫어 안데르센의 3골 등 5골을 뽑아내며 34-31로 앞선 뒤 후반에서도 3골을 보태 승리를 확정지었다.

서울신문 1996.08.05

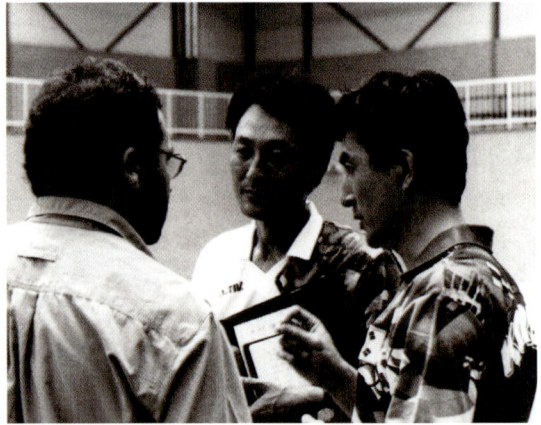

1993 국제강습회(독일)

1994 국제강습회(두바이)

1997 국제강습회(파키스탄)

1999 국제심판들과 함께

1996년 올림픽을 마친 후 정형균 교수는 대표팀 감독을 내려 놓고, 국내 굴지 기업의 제의도 뿌리친 채 한국체대에서 더욱 내실 있는 지도와 교육을 위해 매진한다. 그리고 1993년부터 국제핸드볼연맹 기술강사로 활동하던 정형균 교수는 이때부터 본격적으로 해외에서 다양한 핸드볼 강습회를 진행하며 핸드볼의 발전을 위해 힘쓰게 된다.

미소와 함께 당시를 회상하며 들려주는 이야기에서 정형균 교수의 당시의 심정을 조금이나마 느껴볼 수 있다.

"마침 1997년 캐나다에서 열린 강습회에서 각국 지도자들을 모아놓고 말할 수 있는 기회가 생겼습니다. 이 때 1996년의 문제가 되었던 오심 사례를 비디오로 정리하여 발표하고 이런 일이 재발되지 않기 위한 구체적인 방안을 제시해 주었죠. 내 나름대로는 애틀랜타에서의 한을 이렇게 나마 풀고 싶었거든요."

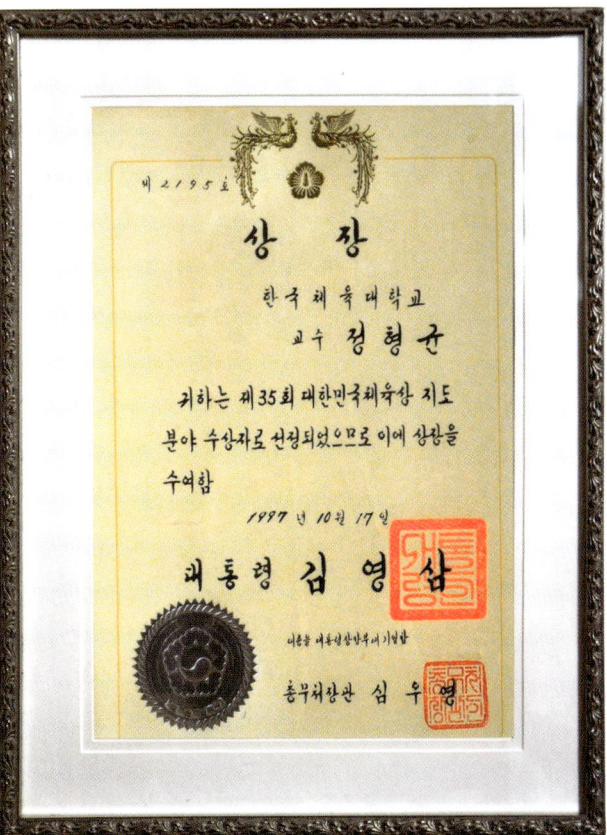

1997년 대한민국 정부는 제35회 대한민국체육상 지도 분야 수상자로 정형균 감독을 선정하였다.
대한민국체육상은 명실공히 대한민국 스포츠의 가장 권위 있는 상으로서, 1년마다 각 분야별로 1명에게만 수여하며,
대한민국 대표 지도자로 인정받는 가장 영예로운 상이다.

1999년 정형균 교수는 다양한 외부 활동과 지도 가운데서도, 올림픽과 온갖 국제대회로 미루어두었던 학위 공부를 마무리 하며, 한양대학교에서 "핸드볼 선수의 지도 효율성에 관한 연구(A study on the coaching effectiveness of handball athletes)"를 주제로 박사학위를 취득하였다. 이 논문에서 정형균 교수는 지도자의 지도유형과 선수 개개인의 훈련 효율성 및 팀의 훈련성과, 팀의 조직력이 어떠한 상관관계를 갖는가에 대한 해답을 제시하고 있다.

"바르셀로나올림픽 다음 해인 1993년 박사과정에 들어갔는데, 대표팀에서 워낙 굵직한 대회가 많아서 학위를 따기까지 5년이 걸렸어요. 논문을 통해 그동안의 연구를 집대성하고 실제 팀을 훈련시키는데 응용할 수 있도록 많은 공부를 했고, 2000년대를 준비할 실질적인 자료가 되도록 많은 노력을 기울였습니다."

1998 방콕 아시안게임 대한민국 선수단 기수 백상서

"세계를 깜짝 놀라게 한 지도자!
한국핸드볼의 위상을 드높인 지도자 정형균!
안되면 되게 하라.
핸드볼 변방에서 세계 제패까지!
그의 위대한 여정을 우리는 기억하고 있습니다."

- 백상서(한국체육대학교 교수)

올림픽 메달 100개 획득 기념
In Celebration of the Winning of the 100 Olympic Medals
LOS ANGELES 1984 ~ RIO 2016

LOS ANGELES 1984	BARCELONA 1992	NAGANO 1998		문필희 임오경 오성옥	VANCOUVER 2010
김진호 이창근 안영수	조윤정 안한봉 박창순	이춘환		우선희 문경하 리경민	모태범 이상화 이승훈
이은이 강 숙 성경화	민경갑 방수현 박주봉	SYDNEY 2000		양태영	LONDON 2012
윤수경	황혜영 오성옥 임오경	정재은 김경훈 심권호	TORINO 2006		양학선 황경선 임동현
SEOUL 1988	현숙희 민혜숙 장리라	문의재 장재성 정부경	안현수 최은경 전다혜		원우영 김장환 신아람
박창순 안대현 김상규	홍정호 서성교 김병철	조민선 이동수 이상기	변천사 감윤미 최은경		최병철 장지훈 남현희
이재혁 전민덕 이형근	허태검	전훈관 강건목 김 용	이강석		전희숙
박종훈 김순덕 황금숙	ATLANTA 1996	지성현 여운근 형종현	BEIJING 2008		SOCHI 2014
박순자 서홍선 박현손	심권호 장재성 박창순	김민식 한양배 김창철	임동현 이창환 사재혁		김아랑 이상화 김철민
성경화 최석재 김재현	방수현 박주봉 리경민	임정우	윤진희 황경선 차동민		주형준 이승훈
이태영 박 혁 장국현	주이선 김보람 김은미	ATHENS 2004	유원칠 남현희 박은철		RIO 2016
박성배	김 량 홍정호 임오경	정지현 장지원 문의재	한지만 배민희 오성옥		윤진희 박상영 김정환
	오성옥 우한정 박해정	이동수 김대은 허영숙	홍정호 문필희		김소희 오혜리 차동민

한국체대 핸드볼
한국 올림픽의 역사를
써내려가다

한국체육대학교는 1984년 LA 올림픽부터 2016 리우올림픽에 이르기까지
올림픽 메달 100개 대학의 위업을 이루었다.

특히 한국체육학교 핸드볼은 1983년 창단 이래
1984 LA올림픽 은메달 이순이, 정회순, 강숙, 성경화, 윤수경부터
1988 서울올림픽 금메달 성경화, 박현숙, 은메달(남자) 김재환, 최석재
1992 바르셀로나올림픽 금메달 장리라, 민혜숙, 임오경, 황선희, 오성옥, 홍정호
1996 애틀랜타올림픽 은메달 임오경, 오성옥, 조은희, 김랑, 홍정호, 김은미
2004 아테네올림픽 은메달 임오경, 오성옥, 우선희, 문경화, 문필희, 허영숙
2008 베이징올림픽 동메달 오성옥, 홍정호, 문필희, 배민희에 이르기까지
한국체육대학교 뿐만 아니라 한국 스포츠 역사의 한 페이지를 장식하고 있다.

한국체육대학교 올림픽 100개 메달 기념 조형물
첫 메달을 획득한 1984 LA올림픽과 100번째 메달이 나온 2016 리우올림픽 대회 당시 사용된
메달로 올림픽 메달 숫자 '100'을 형상화하였고
하단에는 역대 한국체육대학교 출신 메달리스트들의 이름이 새겨졌다.

한국체육대학교를 빛낸 영광의 얼굴들
The glorious faces Korea National Sport University

1984 Los Angeless olympic — SILVER

  코치 정형균 이순이  정회순  강숙  성경화  윤수경

1988 Seoul Olympic — GOLD / SILVER

  성경화  박현숙    김재환 최석재

1992 Barcelona Olympic — GOLD

  감독 정형균 장리라  민혜숙 임오경  황선희  오성옥  홍정호

1995 Austria and Hungary World Handball Championship — GOLD

  감독 정형균 김랑  김은미 임오경  오성옥  홍정호

Asian Games

1986 Seoul GOLD	1990 Bejing GOLD	1994 Hiroshima GOLD	1998 Bangkok GOLD
김재환	조영신	김재환 조영신	김은미 백상서 김은미
홍성욱	 최석재	이임숙 백상서	김랑 한경태
이종경	문병욱	장리라 문병욱	홍정호 백원철
박광수	조치효	조치효	오성옥 김향기

1996 Atlanta Olympic — SILVER

  감독 정형균  임오경 오성옥  조은희  김랑 홍정호  김은미

2004 Athens Olympic — SILVER

  코치 백상서 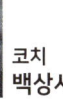 임오경  오성옥  우선희  문경화  문필희

2008 Beijing Olympic — BRONZE

  코치 백상서 오성옥  홍정호  문필희  배민희

2003 Croatia World Handball Championship — BRONZE

  코치 백상서 임오경  오성옥  우선희  문경희  문필희

Asian Games

2002 Busan GOLD   **2006 Doha GOLD**    **2010 Guangzhou GOLD**    **2014 Inceon GOLD**    **2018 Jakarta-Palembang GOLD**

 한경태   문경하   우선희   박찬영   심재복   우선희   최수민

 백원철   김향기   문경하   박중규    백원철   권한나   박새영

정은희   문필희   이상욱   최수민

 우선희   윤현경   유동근   박새영

"지도자의 필수조건은 첫째도 열정, 둘째도 열정, 셋째도 열정이다.
그 조건을 갖춘 지도자 한 명을 꼽으라면 당연히 '정형균 감독'이다."

- 허길홍(남한중학교 코치)

into the World 2000~

1992년 국제심판(A) 자격을 취득한 정형균은 1996년 애틀랜타 올림픽 이후 다양한 강습회와 국제심판 활동을 이어 오다 2000년 시드니에서는 올림픽 심판으로 활약하기도 하였다. 1996년 이후 한국에서의 대표감독직을 더이상 맡지 않겠다고 선언한 그에게 여러 나라에서 지속적으로 국가대표 감독직을 맡아달라는 제의가 들어왔는데, 아시아 핸드볼의 저변을 확대하고 발전시켜보겠다는 도전정신으로 그는 2001년 중국 여자 국가대표 감독직을 수락하게 된다. 월봉 1만달러라는 당시로는 파격적인 계약으로 중국 국가대표 감독이 된 정형균은 올림픽선발전에서 한국을 혼돈에 빠뜨리며 핸드볼 약체였던 중국을 2004년 아테네 올림픽에 진출시켰다.

정형균 전 핸드볼대표팀 감독
중국여자대표 사령탑 내정

월 1만달러 파격대우

지난 1990년대 한국 여자핸드볼의 황금기를 이끌었던 정형균 전 대표팀 감독(46·사진)이 중국 여자대표팀 사령탑에 내정됐다.

지난 5월 말 대한핸드볼협회 전무에서 물러난 뒤 야인으로 지내던 정 전 감독은 중국측의 끈질긴 구애를 받아들여 여자대표팀 감독직을 맡기로 결심, 16일 베이징으로 건너가 계약 조건을 협의한다. 정 감독은 이미 중국측에 파격적인 월봉 1만 달러(약 1,300만 원)선을 제의, 중국이 수용할 뜻을 밝혀 이 수준에서 계약할 것으로 보인다. 정 감독은 기간은 1년 내지 2년 정도를 생각하고 있다.

정 감독은 중국과 이집트 사이에서 고민 끝에 보다 적극적 태도를 보인 중국쪽으로 방향을 정했다. 중국은 제13회 세계 여자주니어 선수권대회(7월 29~8월 12일)가 열린 헝가리에까지 쫓아 와 사령탑을 맡아 줄 것을 간청했다. 아시아연맹 심판위원장으로서 국제연맹 당연직 심판위원인 정 감독은 이 대회에서 감독관을 맡았었다.

정 감독은 90년대 올림픽과 세계선수권에서 한국을 세계 최정상으로 올려 놓은 세계적 명장. 92년 바르셀로나 올림픽 금, 96년 애틀랜타 올림픽 은, 그리고 95년 제12회 세계 선수권(헝가리·오스트리아)에서 대회 사상 첫 우승 등 빛나는 전과를 올렸었다.
/최규섭 기자 kschoe@

◀ 일간스포츠 2001.8.16
중국 대표팀 선수들과 ▼

당시 중국핸드볼협회 호건국 회장

gty.im/
51223660

Collection
AFP

대 한 민 국 대 통 령

친애하는 정형균님, 안녕하십니까?

제39회 체육의 날을 맞아 한국 체육의 발전을 위해 노력해 오신 정형균님께 감사와 격려의 마음을 전하고자 이 서신을 띄웁니다.

정형균님도 아시는 바와 같이, 우리는 서울올림픽을 통해 한국의 발전상을 세계에 알리고, 세계 10위권의 체육강국으로 우리의 무한한 발전 가능성을 깨닫게 하였습니다. 또한 생활체육의 활성화로 국민의 건강은 물론 삶의 질이 향상되고 있습니다. 이 모두가 정형균님과 같은 체육인들의 노고 덕분이라고 생각하며, 마음으로부터 깊은 감사의 말씀을 드립니다.

'체력은 국력'이라는 말처럼 큰 의미에서 체육은 국가의 위상을 결정합니다. 또한 체육활동은 국민들에게 건강한 몸과 활기찬 사회, 행복한 미래를 열어주는 활력소입니다. 체육은 이제 우리 생활과 떼어놓을 수 없는 밀접한 관계에 있는 것입니다.

그런 의미에서, 내년 열리는 부산 아시안게임과 월드컵축구대회는 세계 속에 한국의 위상을 드높일 수 있는 더 없이 좋은 기회입니다. 두 대회의 성공적인 개최를 위해 바로 정형균님의 역할이 중요하며, 그만큼 정형균님에게 거는 기대가 큽니다.

정부도 두 대회의 성공적인 개최는 물론, 체육기반 시설 확충에 대한 투자를 통해 선진국 수준의 체육환경을 조성하는데 노력을 아끼지 않을 것입니다.

다시한번, 한국 체육 발전을 위한 정형균님의 노고에 감사드리며, 정형균님의 건승과 가정의 평안을 기원합니다.

2001년 10월 12일

대 통 령 김대중

대통령 친서

우정을 기리며
중국핸드볼협회 회장 호건국(胡建國) 증

자랑스런 한국체대인 상

2014 육군사관학교 MOU(대학원장 시)

2010 학위수여식 후(대학원장 시)

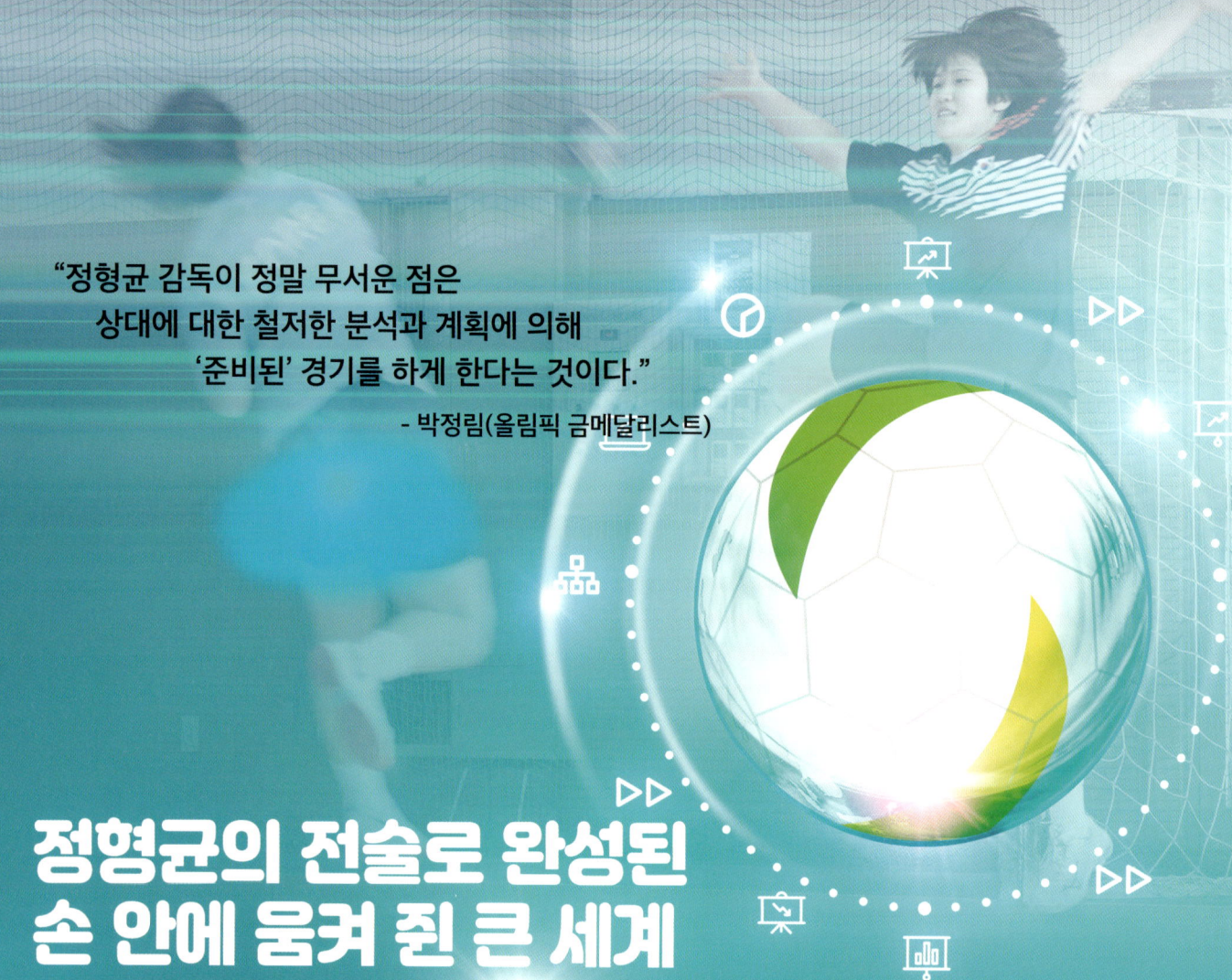

"정형균 감독이 정말 무서운 점은
상대에 대한 철저한 분석과 계획에 의해
'준비된' 경기를 하게 한다는 것이다."

- 박정림(올림픽 금메달리스트)

정형균의 전술로 완성된 손 안에 움켜 쥔 큰 세계

정형균 감독의 위대한 업적을 단지 스파르타식 훈련의 성과로 오해하는 시선이 있다. 하지만 국내 최초로 비디오 분석을 도입하여 상대가 아무리 약팀이라도 철저히 분석하고 상황에 맞는 전술의 마법을 부린 정형균 감독을 알고 있다면 절대 할 수 없는 말이다. 최근에야 다양한 스포츠에서 비디오 분석이 도입되고 국가대표 팀은 물론이고 일반 프로, 실업팀까지 비디오 분석팀이 존재하기도 하지만 과거에는 아날로그 중계 비디오테이프 하나 구하는 것이 하늘의 별따기 만큼 어려운 것이었다.

"상대팀의 비디오를 구하기 위해 무던히도 애를 썼습니다. 외국에 있는 지인들과 연락만 닿으면 누구한테든 비디오테이프를 부탁했죠. 훈련도 훈련이었지만 우리는 모든 조건에서 유럽선수들에게 밀리니 상대가 놀 때 우리는 그만큼 더 앞서나가야 했고, 이것은 상대에 대한 치밀한 분석과 약점을 파고드는 전술, 그리고 이것을 완성시키는 체계화된 훈련 외에는 방법이 없다고 생각했습니다."

과학적 훈련법이 일상화되지 않은 시대에 비디오분석과 이를 훈련과 실전에 활용하는 것은 감독은 물론이고 선수들에게도 엄청난 도전이었다. 훈련시간 외에 이루어지는 비디오분석을 통해 개인의 실수와 상대팀의 장단점을 분석하고 다음 훈련에 적용해 나가는 정형균 감독만의 족집게 훈련은 선수들에게 커다란 성과로 나타날 수 있었다.

"전술 분석 시간이 너무 힘들었지만 그 이상으로 결과가 좋으니 싫어할 수가 없었습니다." (박정림)
"비디오분석을 통한 정형균 감독만의 족집게 훈련은 가상으로 상대를 나누어 수비훈련과 공격훈련을 할 수 있게 했고, 익숙할 때까지 훈련은 멈추지 않았습니다. 그런 훈련 뒤 실전에 나서면 무조건 시합을 장악하게 되지요. 감독님은 정말 대단했어요." (김갑수, 바르셀로나올림픽 코치)

동양인의 체형으로는 절대적으로 불리할 수밖에 없는 핸드볼에서, 정형균 감독은 손 안에 움켜쥔 작은 '핸드볼'에 전술이라는 마법을 입혀 '핸드볼'이라는 큰 세계를 그려낸 것이다.
그의 전술에 대한 평가를 2016년 경향신문에 실린 기사를 통해 확인해 볼 수 있다.

1995년 헝가리-오스트리아 세계선수권 결승에서 헝가리를 꺾고 우승한 여자핸드볼팀. 당시 정형균 감독이 이끄는 대표팀은 독일과 러시아, 덴마크, 헝가리 등을 연파하고 8전승 우승의 신화를 이뤘다. (중략)
필자는 감히 주장하고 싶다.
당시 정형균 감독이 이끌었던 1995 핸드볼 대표팀이 모든 종목을 통틀어 '내 생애 최고의 팀'이었다고….
물론 여자핸드볼팀이 1988서울·1992바르셀로나 올림픽에서 2연패를 차지한 바 있다. 그러나 참가 8팀이 5번 싸우고 메달을 딸 수 있는 올림픽에 비해 20팀 참가에 8번 경기를 치러야 하는 세계선수권에서 성적을 내기란 더 힘들다. 그런데 '95년팀'은 8전승 우승을 차지했다. 현장에서 목도했던 대표팀은 참 신기했다. 4~6점차로 뒤지고 있다가도 감독의 한마디에 순식간에 뒤집어놓았다. 6명이 번갈아가며 쉴틈없이 상대방을 엄습하는 대각변칙수비가 무기였다. 핸드볼 강국인 러시아와 독일, 홈팀 헝가리까지 한국팀의 '후다닥 작전'에 홀려 대역전패를 당하고 말았다.

국제핸드볼연맹의 홈페이지는 핸드볼의 역사를 기술하며 한국여자팀을 극찬했다.
"홈팀 헝가리도 한국의 소용돌이 전법(대각변칙수비)을 통제할 방법이 없었다.
한국은 여자핸드볼 역사에서 결코 경험하지 못한 하이스피드를 과시했다.

그러면서 "한국은 올림픽 2연패와 세계선수권까지 차지한 첫번째 비유럽 국가라는 이정표를 만들었다"고도 했다.
'95년 멤버'가 그대로 출전한 1996 애틀랜타 올림픽 때는 덴마크와의 연장 명승부 끝에 준우승을 차지했다.
국제핸드볼연맹은 이렇게 평가했다.
"센세이셔널한 승부는 역사상 최고의 결승전 중 하나였다. 여자경기에 표가 매진됐다.
핸드볼이 매력과 경쟁력이 넘치는 올림픽 종목임을 각인시켰다."
(후략)
경향신문 2016.09.07. 이기환 논설위원

2015 일본체육대학과 MOU

정형균 교수는 1980년대부터 끈끈한 우정을 이어오던 일본의 다까노 교수, 동경체육대학과의 유대를 더욱 공고히 하고 상호 발전을 위하여 양교 교류 30년을 맞이하여 동경체육대학을 초청하여 새로운 시대를 이어갈 MOU 제정을 주도하였다. 위 사진은 1987년 일본 전지훈련 당시 후지산과 도쿄디즈니랜드에서, 오른쪽은 동경체대 다까노 교수, 다께노 사장, 나까가와 대표, 양용길 교수와 함께 촬영한 사진이다.

2016 일본 전지훈련

백원철, 다까노, 임영철, 장소희

동경체대와 교류 30주년 기념식

일본핸드볼협회 부회장과

일본 와쿠나카 실업팀과 친선경기

일본에서

고등학교부터 친구인 일본 가모 부회장과

동아시아핸드볼연맹 前회장 감사패 증정

비디오 시대에서 인터넷 유튜브시대로!
모두의 핸드볼

정형균의 최첨단 핸드볼 지도서

철저한 분석과 쉼 없는 연구로 한국 핸드볼을 최정상에 올려놓은 정형균 감독의 열정은 세계 무대에서의 강습회와 다양한 논문을 통해 지금도 계속되고 있다.

특히 국가대표 감독에서 물러난 이후에도 한국 핸드볼의 발전을 위해 해외 팀들의 분석을 게을리 하지 않고 있는데, 논문 <2016 리우올림픽 대비 세계 주요국가의 핸드볼 전력분석: 여자핸드볼 중심으로>(Analysis of Handball Strategies of World Top Class Team to Prepare Rio 2016 Olympic Games: Focusing on Women's Team) 등이 대표적이다. 백상서 교수와 함께 집필한 이 논문에서 정형균 교수는 2015 세계여자핸드볼선수권대회(12월5일~12월20일) 상위 6팀을 대상으로 국제핸드볼연맹(IHF)에서 제공하는 기록 정보 중 여자 54경기(각 팀의 모든 경기) 기록으로 득점경로 및 슈팅유형별 성공률, 어시스트 빈도, 수비 변인으로 나타나는 스틸, 블록, 슈팅 유형별 골키퍼 방어율을 분석하여 1~6위 팀들의 어떠한 요인이 경기력에 영향을 미쳤는지를 분석하였고 이를 토대로 한국 핸드볼 대표팀의 전략 마련에 대한 단초를 제공하였다.

가장 최근의 저서 <모두의 핸드볼>(대한핸드볼협회 발행, 2020)에서는 종목 기초 이론부터 연습 노하우까지를 상세히 기술하고 있다.

원조 비디오맨 정형균 감독 유튜버가 되다!

주요 장면별 QR코드
2시간 38분에 이르는 283개의 클립으로 제작한 동영상이 들어가 있다.

특히 원조 비디오맨으로 불린 정형균 교수는 21세기 유튜브 시대에 맞게 누구나 쉽게 핸드볼에 접근할 수 있고 재미를 높이기 위해 모든 장면마다 영상을 촬영하여 이를 유튜브에 공개하고, QR코드를 책에 삽입하여 책을 보면서 스마트폰으로 바로 해당 장면을 확인할 수 있도록 하여 핸드볼의 대중화에 한 걸음 더 나아가고 있다.

"특별한 훈련은 특별한 결과를 만든다.
결과가 나오기 전 모두가 안된다 말하지만,
결국 우리의 도전은 기적과 같은 결과를 만들어 냈다.
교수님에게 배운 대학 시절 운동선수로서의 경험과 가르침이
이후 지도자생활과 사회생활에서
특별한 결과물을 만들어내는 원동력이 되었다."
- 김상우, 김상형 (한국체대 형제 핸드볼 선수)

한국형 핸드볼의 완성

30대라는 파격적인 나이에 국가대표 지휘봉을 잡게 된 정형균 감독에게 1990년대 핸드볼계뿐 아니라 한국 체육계에서는 우려의 눈길을 보냈다. 그러나 정형균 감독은 올림픽대회와 세계선수권대회의 우승이라는 전무후무한 결과를 이뤄내며 그 우려를 일축시켰다. 평소 그의 지론대로 이것은 지노자, 선수, 협회가 심위일체가 되었기에 가능한 것이었다. 불가능한 것에 대한 도전의식을 가진 지도자를 필두로 하여 이를 믿고 힘든 훈련과정과 역경을 딛고 따라온 선수들, 그리고 이러한 핸드볼팀을 전적으로 후원한 협회가 있었다. 세계정상의 자리는 이중 어느 하나라도 부족하였다면 이루지 못할 결과였다.

외부에서는 올림픽 금메달 감독 정형균의 지도방법이 '견디기 힘든 고된 훈련'이 다인 것처럼 보이지만, 과거 주먹구구식 스파르타식 훈련과는 차원이 다른 것이다. 그는 과학적인 이론에 바탕을 둔 계획적이고 체계적인 훈련방법으로 팀을 세계정상에 올라서게 하였다. <정형균의 훈련>은 어느 팀에게도 뒤지지 않게 만든 체력훈련, 경기 중 어떠한 상황이 되더라도 흔들리지 않는 팀워크 조성, 상대팀 경기분석을 통한 승리 전략으로 요약할 수 있다.

즉 유럽형 파워 핸드볼을 제압하기 위하여 팀워크를 무기로 하는 '한국형 핸드볼'을 완성한 것이다.

the Last Victory Ceremony
1983~2019

한국체대 정년퇴임에 앞서 마지막으로 열린 대회는 2019 대학핸드볼통합리그였다. 3월부터 진행되어 10월 13일 막을 내린 이 대회에서 마지막 날 한국체대는 경희대를 30:28로 이기고 정형균 교수의 마지막 대회를 우승으로 장식했다.

"1983년 창단 1년도 안된 팀을 이끌고 전국체전에서 우승한 후 수많은 영광과 아픔을 함께 한 우리 선수들이 마지막으로 큰 선물을 안겨주었습니다. 이제 한국체대 핸드볼은 더욱 더 큰 천마의 기운으로 웅비할 것입니다."

경기 전 마지막 시합 축하행사

우승 확정 후 달려오는 염동철 교수

2019 중국 전지훈련

Korea National
한국체육대학교 핸드볼림

"정형균 교수님이 강조한 1%의 가능성!
그것이 한국체육대학교의 길을 열었다."

- 최석재(前남자국가대표 감독)

HANDBALL
Sport University

"그는 보이지 않는 걸 만들어내는 마법을 가지고 있다.
그의 마법이 우리를 핸드볼선수로 꽃 피우게 했다."

- 우선희(올림픽 은메달리스트)

"정형균 감독은 체계적인 훈련 시스템을 만들어
선수 특성에 맞는 개인별 프로그램으로 팀의 수준을
단계별로 끌어 올리는 놀라운 능력을 가지고 있다."

- 김은미(올림픽 은메달리스트)

한국체육대학교 핸드볼 졸업생

1회 · 1983학번

남자	여자
	강숙
	김효숙
	이순이
	이은숙
	정회순
	이정숙

2회 · 1984학번

남자	여자
김봉우	김미혜
김병욱	김준미
김재환	복헌순
박광수	성경화
연한경	윤수경
이한노	이임숙
전성복	
최근년	
홍성욱	
강창원	

3회 · 1985학번

남자	여자
권형준	
박성문	
안길영	
이종경	
하재웅	

4회 · 1986학번

남자	여자
최석재	조경자
조영신	최미경
김윤철	
윤창용	
황광표	
홍기표	
김성은	

5회 · 1987학번

남자	여자
황경영	강명실
이상복	곽영주
최병인	김미정
오영수	배승남
	양경희
	오은지
	윤인선
	이진
	전현미
	정주영

6회 · 1988학번

남자	여자
백상서	박현숙
방강석	양은숙
배진용	이항미
	장리라

7회 · 1989학번

남자	여자
윤성철	김남미
조치효	민혜숙
문병욱	우연정
김범석	이은미
최석립	이지연
	이영미

8회 · 1990학번

남자	여자
박영일	이선희
유영면	임오경
이규창	황선희
이영주	

9회 · 1991학번

남자	여자
김용구	오성옥
유석진	이수영
이종덕	조은희
문상돈	강종경
소수현	
정문선	
조의재	

10회 · 1992학번

남자	여자
박성립	김현아
조한준	성은숙
이성환	정옥미
김영식	
김철수	

11회 · 1993학번

남자	여자
정연호	김랑
이형철	김혜경
김영권	유연희
김종필	이화정
안기석	최은경
이교재	홍정호

12회 · 1994학번

남자	여자
한경태	김은미
오민식	김효정
김형철	양희숙
	염수화
	이영란
	최은희
	한명희

13회 · 1995학번

남자	여자
최승욱	강혜란
백원철	김진식
채병준	소예영
	이수연
	정영미

14회 · 1996학번

남자	여자
이기영	정은희
	최은미
	이유정
	임수진
	문은실

15회 · 1997학번

남자	여자
김경진	변영주
김현철	우선희
송석기	
주종복	

16회 · 1998학번

남자	여자
김우상	김민정
이현행	김인희
박찬용	김진순
김원주	김향기
최귀진	

17회 · 1999학번

남자	여자
김민호	김정은
김태균	문경하
임상수	박은정
김재한	박혜진
송운현	안은실
장종성	임정희
	조희정
	김윤정

18회 · 2000학번

남자	여자
강민성	박혜경
정광윤	배주현
이태우	어선미
박효성	오미애
신홍철	

19회 2001학번	
남자	여자
김민구	문필희
박찬영	김종미
김나성	남궁윤
여운석	안예순
권성헌	손은선
조인오	황은섭

20회 2002학번	
남자	여자
박중규	김예나
김환성	윤여희
전동현	윤희남
정장록	장은영
	정혜선

21회 2003학번	
남자	여자
이상욱	김경미
김충기	김선정
이상현	백상미
김응국	오경혜
심재성	허하나
이정수	

22회 2004학번	
남자	여자
유동근	문미희
김병진	서연희
김선구	안지훈
신성호	진연희
윤정현	황지혜
조시우	

23회 2005학번	
남자	여자
권효섭	권지연
배상욱	김수정
김윤목	용세라
김지수	윤현경
김석만	최주희

24회 2006학번	
남자	여자
용민호	권구슬
허길홍	김현진
심재복	노연지
김남훈	박지연
김상우	백선애
조홍철	장윤경
박주희	조아라

25회 2007학번	
남자	여자
강보근	김지혜
김재일	김하나
김현수	송미례
송명성	송지혜
우승환	주경진
이동희	배민희
김영훈	

26회 2008학번	
남자	여자
박영길	권한나
김태권	양다빈
박민석	연수진
김영남	정선영
손병진	최수민
이능규	

27회 2009학번	
남자	여자
고주석	윤문형
김상형	김남희
이영철	박이슬
	이가을
	이슬기
	최경주

28회 2010학번	
남자	여자
이현식	김소윤
서승현	김현이
하민호	박민지
차승재	박이슬
양영민	이수연
변영준	전유미
김형근	
김정미	

29회 2011학번	
남자	여자
황도엽	김미연
송대성	김혜원
김종진	민아영
박경민	오사라
유주영	이믿음
	이슬기
	이진영

30회 2012학번	
남자	여자
구창은	류미경
김준용	박은비
김경근	이윤조
김태식	이현주
	황수진

31회 2013학번	
남자	여자
임재서	김수정
장동현	김리안
편의범	박새영
장민관	유진주
권오룡	이겨울
김재준	이보라
장현덕	조수연
김정욱	한소희
	한승미

32회 2014학번	
남자	여자
유현호	박서희
최현우	강미진
강세현	김지희
연진영	김지혜
임호원	
김재원	

33회 2015학번	
남자	여자
강석주	김다영
박동광	손민지
임경환	김예림
조준상	홍승혜
이한얼	장민지
	김재희

34회 2016학번	
남자	여자
박재용	이유림
조동함	선예지
차성현	이민지
선승훈	김명신
윤하늘	
김민수	

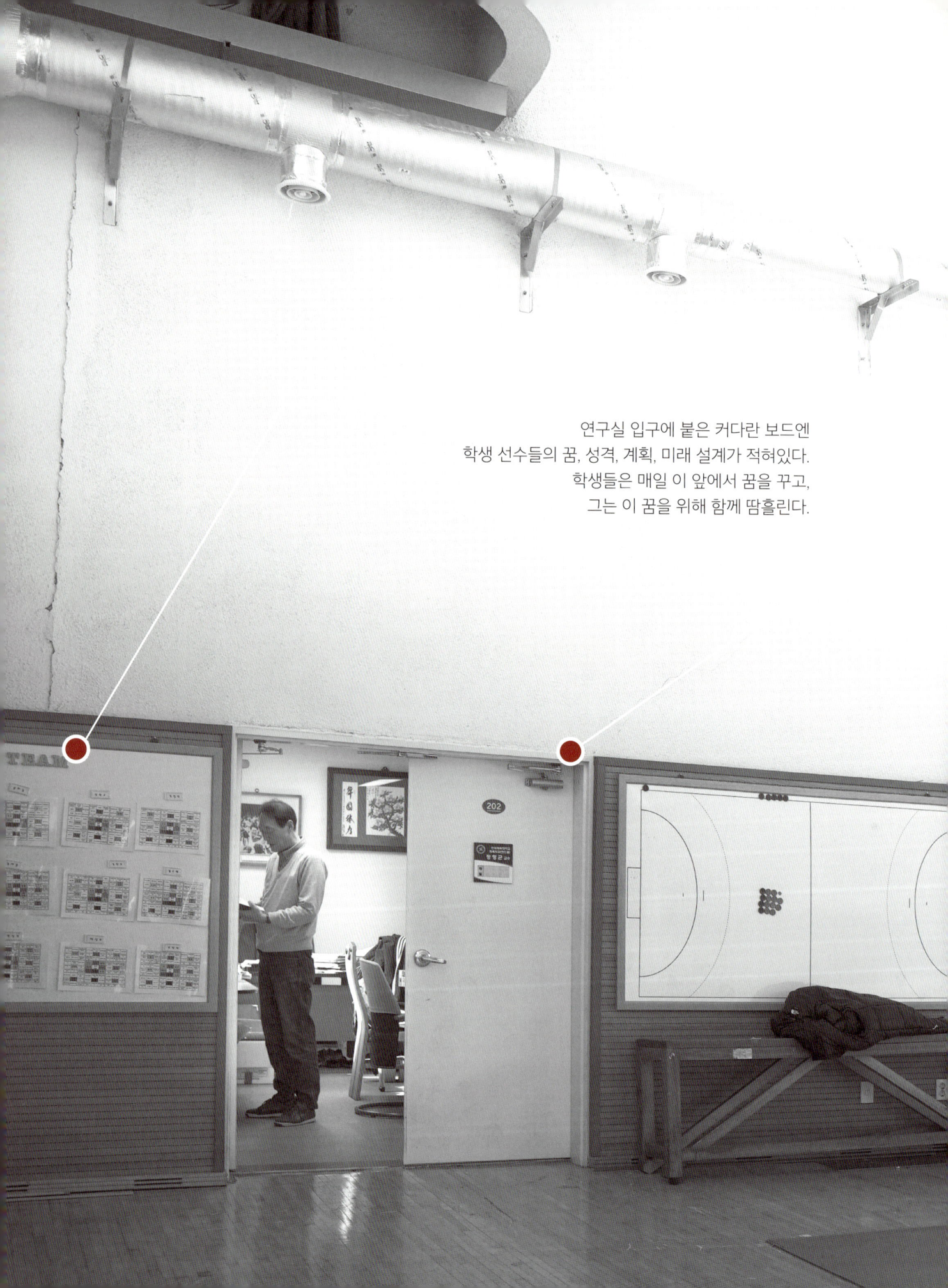

연구실 입구에 붙은 커다란 보드엔
학생 선수들의 꿈, 성격, 계획, 미래 설계가 적혀있다.
학생들은 매일 이 앞에서 꿈을 꾸고,
그는 이 꿈을 위해 함께 땀흘린다.

그의 연구실은 오륜관 2층
핸드볼 경기장 안에 있다.
그는 오늘도
우렁찬 목소리,
파이팅 넘치는 젊음과 함께 한다.

한국체대 핸드볼,
모두의 피와 땀이 젖어 있는 애머랄드블루의 코트!
오륜관 경기장을 들어서면 벅찬 감격에 젖는다.
그리고 이내 스크래치 가득한 코트 위에
땀내 나는 발자취를 더한다.
이것이 더 큰 무대를 향한 한국 핸드볼의 열정이다.

92바르셀로나 금메달리스트들과

한국체대 남녀 동문들

생일 축하

한국체대 핸드볼 창단 멤버들

졸업생들과(2019)

한국체육대학교 교수 정년퇴임식
2020.2.28

2020년 2월 28일 한국체육대학교 회의실에서 정형균 교수 정년퇴임식이 열렸다. 코로나19 확산 여파로 안용규 총장과 동교 교수들, 졸업생, 재학생이 모여 조촐하게 진행된 퇴임식은 한국체육대학교 핸드볼부를 창단한 1983년부터 현재까지 한국체대 핸드볼과 한국 핸드볼에 커다란 족적을 남긴 정형균 교수의 이야기로 시종 즐거운 분위기로 진행되었다.

안용규 총장은 축사를 통해 "씨앗은 흙을 만나야 싹이 트고, 고기는 물을 만나야 숨을 쉬고, 사람은 아름다운 사람을 만나야 행복하다고 합니다. 바로 한국체육대학교는 정형균 교수님을 만났기에 우리대학의 핸드볼 역사가 만들어졌고, 대한민국의 핸드볼 역사가 쓰여질 수 있었습니다. 교수님께서 정년이라는 제도에 의해 평생 몸담으셨던 정든 교단을 떠나시게 되는 것은 우리대학으로서 매우 안타까운 일이지만 그간 왕성한 활동을 통하여 이룩한 업적들은 향후 대학발전과 체육발전에 든든한 기반이 될 것입니다."며 이미 새로운 도전을 열어 가고 있는 정형균 교수의 앞날에 축복과 영광을 기원하였다.

"정형균 감독은
　누구보다도 승부욕이 강한
　　핸드볼밖에 모르는 참 지도자이다."
- 장동현(SK호크스)

감 사 패

정 형 균 교수님

교수님께서는 탁월한 역량과 훌륭하신 지도로 저희 핸드볼부 발전을 위하여 열과 성을 다하여 헌신적인 봉사와 사랑을 아끼지 않으셨습니다.
이제 그 고마움을 간직하고 졸업하는 저희들의 정성을 이 패에 새겨 드리며 교수님의 앞날에 무궁한 영광과 발전을 기원합니다.

1987. 2. 25

김효숙　이정숙　강　숙　이은숙　이순이　정회순

한국체육대학 핸드볼부 제1회 졸업생일동

鄭亨均

정형균
1955. 1. 24. 대구

학력
1999	한양대학교 대학원 체육전공 졸업(박사)
1983	경희대학교 교육대학원 체육교육학 졸업(석사)
1977	원광대학교 체육교육학과 졸업(학사)

경력
1975~1977	핸드볼 국가대표 선수
1977~1979	동일여자고등학교 교사
1979~1982	UAE AL JAZIRA CLUB 선수
1983~2020	한국체육대학교 교수(대학원장, 사회체육대학원장, 훈련처장)
1984	**로스앤젤레스 올림픽 코치(은메달)**
1985	제5회 세계여자주니어선수권대회 코치(은메달)
1990	제1회 아시아주니어선수권대회 감독(금메달)
1992	**바르셀로나 올림픽 감독(금메달)**
1993~2014	대한핸드볼협회 심판이사, 전무이사, 상임부회장
1995	**제12회 세계여자핸드볼선수권대회 감독(금메달)**
1996	**애틀랜타 올림픽 감독(은메달)**
2000	시드니올림픽 국제심판
2001~2004	아시아핸드볼연맹 심판위원장, 국제핸드볼연맹 심판위원
2012~2019	동아시아핸드볼연맹 회장, 사무총장

현재
1993~	국제핸드볼연맹 기술강사
2013~	아시아핸드볼연맹 기술위원장, 국제핸드볼연맹 기술위원
2019~	아시아핸드볼연맹 동아시아·동남아시아위원회 위원장
2020~	한국체육대학교 명예교수

훈포장
1984	체육훈장 거상장
1992	체육훈장 청룡장
1996	대한민국체육상(지도자부문)
2006	대통령 표창

주요 연보

연도	내용
1955	대구 출생. 2남1녀 중 둘째
1965	초등학교 5학년 클럽활동으로 처음 핸드볼을 접하다
1967	대구중앙초등학교 졸업
1970	영남중학교 졸업 / 영남고 입학 후 서울로 이사하여 청량공고로 전학
1972	3학년부터 주장겸 코치
1973	청량공업고등학교 졸업 / 원광대 사범대학 장학생 입학
1975	국가대표
1976	대한핸드볼협회 최우수선수상 수상
1977	제1회 아시아핸드볼선수권대회(쿠웨이트) 득점왕
	원광대학교 체육교육학 학사 졸업
	서울사립학교순위고사 합격
	서울동일여자고등학교 교사
1978	대한핸드볼협회 공인심판
1979	군 입대
	충남대학교, 대전체육고등학교 남녀 핸드볼팀 지도
	알자지라클럽입단(선수 겸 코치)(UAE 국왕의 초청으로 파견근무 형식으로)
1982	상명여대 지도
1983	경희대학교 교육대학원 체육교육학 석사
	한국체육대학교 핸드볼팀 창단
	첫 전국체전 금메달
1984	한국체대 남자팀 창단
	한국체육대학교 교수 임용(전임강사 발령)
	중정세계배핸드볼선수권대회(대만) 감독(우승)(한국체대 여자 단일팀 참가)
	LA올림픽 코치(은메달)
	체육훈장거상장(Physical Education Medal)
1985	평생의 반려자 유혜주님과 결혼
	국무총리 표창
	제5회 세계여자주니어선수권대회 코치(은메달)
1990	제1회 아시아주니어선수권대회 감독(금메달)
	핸드볼 비디오 영상교재 발간 <최신 핸드볼 트레이닝법>(총10편), (주)중앙미디어

연도	내용
1991	제3회 아시아선수권대회 감독(금메달)
1992	바르셀로나올림픽 감독(금메달)
	체육최고훈장 청룡장(Supreme Medal of Physical Education)
	국제심판(A) 자격 획득
1993	국제핸드볼연맹 기술강사(International Handball Federation Technical Instructor) (~현재)
	대한핸드볼협회 심판위원장
	핸드볼 비디오 영상교재 발간 <핸드볼기술비디오: 올림픽 금메달 트레이닝>(총10편), 스포츠이벤트社(일본)
1995	제5회 아시아선수권대회 감독(금메달)
	제12회 세계선수권대회(오스트리아·헝가리) 감독(금메달) / 그랜드슬램 달성
1996	애틀랜타올림픽 감독(은메달)
1997	대한민국체육상 지도자부문(Korea Athletic Awards Leader)
1999	한양대학교 대학원 체육학 박사(논문: 핸드볼 선수의 지도 효율성에 관한 연구)
2000	대한핸드볼협회 전무이사
	시드니올림픽 국제심판
2001	아시아핸드볼연맹 심판위원장
	국제핸드볼연맹 심판위원
	중국 국가대표 감독(2004 아테네 올림픽 출전)
2005	대한체육회 경기력향상위원회 위원
	동아시아핸드볼연맹 사무총장
2006	대통령 표창(President's Citation)
2007	대한핸드볼협회 상임부회장(Vice Chairman of Korea Handball Association)
2011	한국체육대학교 사회체육대학원장, 교육대학원장
2012	동아시아핸드볼연맹 회장(President of the East Asian Handball Federation)
2013	국제핸드볼연맹 기술위원(International Handball Federation Technical Committee) (~현재)
	아시아핸드볼연맹 기술위원장(Asian Handball Federation Technical Chairman) (~현재)
2015	한국체육대학교 대학원장
2019	아시아핸드볼연맹 동아시아·동남아시아위원회 위원장(~현재)
	전국대학핸드볼통합리그 우승
2020	한국체육대학교 정년퇴임, (현)명예교수
	YOUTUBE 융합도서 발간 <모두의 핸드볼> 대한핸드볼협회

정형균 교수
국내외 대외활동

IHF   국제핸드볼연맹 International Handball Federation
       회장: 핫산 무스타파(Hassan Moustafa)

AHF   아시아핸드볼연맹 Asian Handball Federation
       회장: 셰이크 아흐메드(Sheikh Ahmed Al Fahad AL SABAH)

KHF   한국핸드볼연맹 Korea Handball Federation
       회장: 최태원

EAHF   동아시아핸드볼연맹 East Asian Handball Federation
       동아시아·동남아시아위원회(2019~)
       회장(위원장): 정형균

국제연맹 심판위원회 임원(2002)

(전)소련 여자대표팀 툴친 감독

중국 핸드볼 지도자들

아시안게임 5연패 귀국 환영회(2006)

동아시아연맹 임원(2007)

마케도니아 부회장(2007)

동아시아클럽대회 중국임원(2007)

우생순 제작사 대표에게 감사패 수여
(맨 뒤 임순례 감독 및 문소리, 김정은 등 배우들)(2007)

제23대 대한핸드볼협회 상임부회장 취임(2008)

네이버 공식후원 조인식(2008)

SK 아시아핸드볼연맹과 공식파트너 지원 조인식(아불 알레일 박사)(2008)

김옥화 은메달리스트(좌) 김희태 경남부회장(우)(2008)

대한핸드볼협회 올림픽 후원식(2008)

국제연맹총회(2009)

핸드볼 경기 해설(2008)

삼척 김일화 회장, 심경섭 선생, 김정관 부회장

2 YEARS PLAN - AHF CCM

Chairman AHF CCM
Prof.Dr Chung Hyung Kyun

General Strategy

1. **Game Development**
   Further develop the attractiveness of our sport

2. **AHF Education Campaign**
   Education is the key element

3. **AHF Education Centre**
   Central tool for Asian (AHF)

4. **Coaching License**
   Coach Certification

Game Development

Trends in the game
* Goalkeeper role
* 7-6, 6-6 without goalkeeper
* Speed, Edurance (Fast break)

Analysis of AHF events
* Modernization of the workflow at AHF events

Cooperation with PRC
* New rule
* Tactical match preparation for referees

AHF Education Campaign

*New communication system (National Federations)

*Development of a network of AHF Academies

* Integration of the AHF coaches Licence System

AHF Education Centre

* Expansion of modern learning tools

* Online basic training for coach

* Expansion of the Coaches Library

* Creation of Coaches Licence Education

Coaching License

* Duties of coach Licence (Limited time coverage)

* Level of coach Licence (A,B,C,D)

* Education of coaches (Modern skill, New rule)

아시아핸드볼연맹 기술위원회 위원장으로 활동하며 경기 분야, 교육캠페인 분야, 교육센터, 코칭 라이센스 분야 등 구체적인 AHF CCM의 2개년 계획을 직접 구상하여 다양한 활동을 통해 아시아 핸드볼의 발전을 위해 공헌하였다.
위 자료는 정형균 교수가 직접 작성하여 발표한 PT자료 중 일부를 발췌한 것이다.

핫산 무스타파 국제핸드볼연맹(IHF) 회장과 정형균 교수 연구실에서(2009)

김종하 회장(2009)

대한핸드볼협회 발전재단(2009)

세계주니어선수권대회(2009)

광저우 아시안게임(중앙 최태원 회장, 박태환 선수)(2010)

좌부터 박천조교수, 국제연맹회장, 국제연맹경기위원장(2010)

광저우 아시안게임(2010)

프랑스협회 회장, 최태원 회장(2010)

우즈베키스탄협회 회장(2010)

코트디부아르협회 회장(2010)

런던올림픽 핸드볼 아시아남자예선대회 조인식(2010)

핸드볼인의 밤(2010)

핸드볼인의 밤(2010)

제17회 세계여자주니어핸드볼선수권대회

1996년 애틀랜타 올림픽 후 청와대 방문시 당시 김영삼 대통령에게 핸드볼 전용구장 건립의 필요성을 강조한 정형균 감독은 이후 핸드볼 전용구장 건립과 SK 최태원 회장의 영입에 심혈을 기울였고 2008년 10월 대한핸드볼협회 상임부회장 취임과 더불어 최태원 회장 제세로 새 시대를 열며 모든 핸드볼인의 염원이었던 전용 핸드볼경기장을 준공하게 된다(2011.10.23. SK핸드볼경기장). 현판식에는 최태원 회장, 김종하 前회장, 박광태 前회장, 박기흥 발전재단이사장, 김진수 부회장, 박재수 전무, 정규오 국장 등이 함께 하였다.

SK핸드볼경기장 준공식 및 런던올림픽 아시아남자핸드볼예선 축사(2011)

셰이크 아흐마드 아시아올림픽평의회(OCA) 회장 겸 아시아핸드볼연맹(IHF) 회장(2011)

개막식 인사말(2011)

쿠웨이트 메르죽 회장(2011)

세네갈협회 회장(2011)

카타르협회와 MOU(2011)

국제회의 표결(2011)

세네갈협회 MOU(2011)

한일전 기념식(2011)

한정규 부회장(2011)

SK핸드볼 코리아리그 올스타 한마당(2012)

동아시아연맹 임원단(2013)

동아시아연맹 임원단(2013)

국제연맹총회(소치) 김진수 부회장, 최병장 부회장(2014)

2014 인천아시안게임

2014 인천아시안게임(아시아연맹 멤버들)

2014 인천아시안게임

초등학교 최우수지도자 안석주선생 금뱃지 수여(2014)

문경 세계군인체육대회(대회위원장)(2015)

문경 세계군인체육대회(2015)

문경 세계군인체육대회(2015)

문경 세계군인체육대회(2015)

문경 세계군인체육대회(2015)

2015 광주유니버시아드 국제연맹 임원

국제연맹 타볼스키(체코)(2015)

동아시아대회 홍콩(2015)

"내 인생에 영원히 기억될 영상, 그 속에 우뚝 선 우리 맘 속 영원한 가가멜!
가장 즐겁고, 가장 긴장되고, 가장 보람된 시간을 함께 한 영원한 우리 감독님!"

- 김향기(아시안게임 금메달리스트)

"대한민국의 핸드볼의 거목이자
존경받는 최고 열정의 지도자! 정형균!"

- 하민호(인천도시공사)

동아시아협회 타이페이(2015)

심형섭 선생(2015)

베트남협회 부회장(2015)

인도네시아(안디), 이란협회 회장(2015)

아불레이 박사, 대만 관(2015)

IHF TROPHY 홍콩협회 회장(2016)

만프레드(국제연맹임원 심판위원장), 스페떼(기술위원장)(2016)

국제핸드볼연맹 스위스 본부, 기술위원회 임원단(2016)

동아시아연맹 재임 임오경(좌), 조은희(우)와 함께(2016)

동아시아연맹 중국(2016)

동아시아연맹 서울(2016)

동아시아대회 중국(2016)

국제핸드볼연맹 스위스 본부(2016)

세계대학선수권대회 스페인(2016)

북한대표팀 IHF트로피대회 남녀동반우승 축하(2016)

"꿈을 이루어 주는 지도자! 그가 바로 정형균이다."

- 박중규(하남시청)

2015 카타르세계선수권대회

"코트 안에선 리더십 강한 악마같은 존재감!
코트 밖에선 우뚝 선 큰 소나무같은 든든함!
내게 참 지도자의 꿈을 꾸게 한 영원한 이시대의 참스승!"

- 김진순(인천비즈니스고등학교 핸드볼팀 코치)

2016 리우올림픽, 오성옥, 임오경

2016 리우올림픽, 폴(프랑스), 스웨덴

2016 리우올림픽

2016 리우올림픽, 경기분석감독관

2016 리우올림픽, 국제심판위원장 라몬 갈레고(스페인)

2016 리우올림픽, 심판단, 임원

2016 리우올림픽, 심판단

아시아클럽선수권대회 카타르(2016)

국제연맹총회(2016)

제5회 동아시아 U-22선수권대회(일본)(2017)

일본 가모 부회장(오랜 라이벌이자 친구)(2017)

동아시아연맹(2017)

몰디브(2017)

아시아연맹총회(2017)

동아시아클럽선수권대회 서울(2017)

2018 자카르타-팔렘방 아시안게임(2018)

샤피크(2018)

자심(2018)

인도네시아협회 회장 토디(2018)

왕따우, 루카이(2018)

시니(대만)(2018)

안디(인도네시아)(2018)

아시아연맹 임원(2018)

한국국제심판과 아시아선수대회 참관기념(2018)

동아시아연맹 창립멤버와 현역임원과 함께(2018)

동아시아연맹(2018)

동아시아연맹 원로(2018)

제6회 동아시아 U-22선수권대회 남녀동반우승(홍콩)(2018)

Asian U22 Men & Women Handball Championships 송별식 (2019)

Asian U22 Men & Women Handball Championships 개회식(2019)

Asian U22 Men & Women Handball Championships 임원단 (2019)

아시아핸드볼연맹(2019)

아시아핸드볼연맹(2019)

궁나라 카자흐스탄 회장, 바들디아브 아시아연맹 책임자, 라몬 국제연맹 심판위원장(2019)

정형균 동아시아핸드볼연맹 회장 네임카드

압달리(쿠웨이트), 굴나라(카자흐스탄회장)(2019)

최정석 이사(2019)

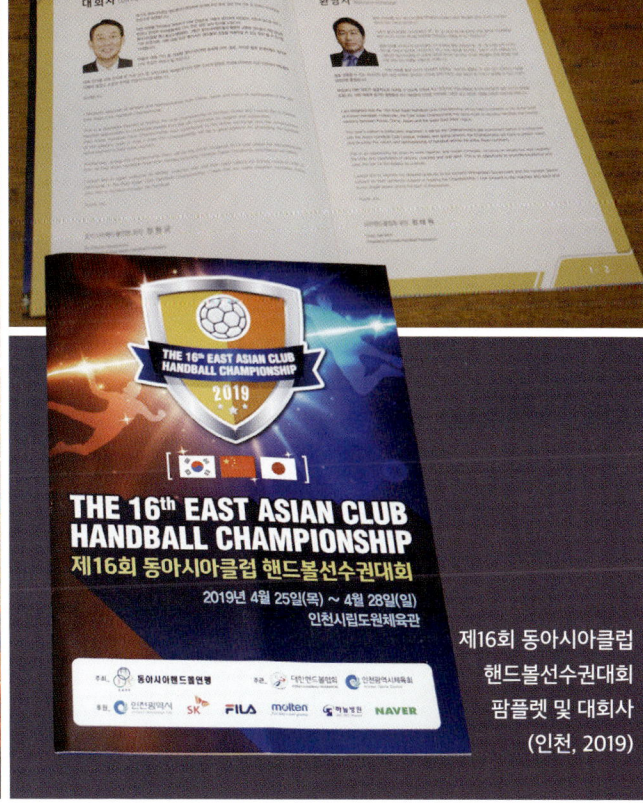
제16회 동아시아클럽 핸드볼선수권대회 팜플렛 및 대회사 (인천, 2019)

아시아핸드볼연맹 회장(2019)

동아시아연맹(2019)

제32회 도쿄올림픽 아시아 예선 시상식(한국 우승)(2019)

IHF 강습회(한국체대, 2019) 스페떼(독일), 따볼스키(체코), 폴(프랑스)

ASIAN WOMEN'S HANDBALL OLYMPIC QUALIFICATION TOURNAMENT — CHINA 2019

Match Analysis by:

Prof. Dr. Chung Hyung-kyun,
Chairman of AHF Commission of Coaching and Methods (CCM)

Match No. 4
South Korea vs Kazakhstan
FT: 29 – 25 (HT: 15 – 13)
Referees: Viktoriia Alpaidze & Tatiana Berezkina (Russian Federation)

Kazakhstan, which aims to qualify for the Olympics, has strengthened its players to strengthen its team's strength, and South Korea is also fully prepared for the event with full strength training for maximum performance.

In order to secure a berth in the Olympics, Kazakhstan specially reinforced its players to strengthen its strength, and Korea also prepared for the competition in order to display its maximum capability. Korea's 5:1 defensive formation, Kazakhstan played in 6:0 defensive formation using its boots, and both teams played offense in 3:3.

South Korea led the way with 1-2 goals in a row, but Kazakhstan struggled to keep up with fastballs and running shots, but South Korea led by two goals at 15–13 to finish the first half.

Starting in the second half, South Korea leading by 24–17 with a defensive formation of 6:0, Kazakhstan tried to close the gap and the score was 24–25 after few minutes. But then South Korea controlled the game and gained a victory over Kazakhstan with final score 29–25.

@AHFKuwait   www.AsianHandball.org

제22회 아시아남자 클럽리그 선수권대회
22nd Asian Men's Club League Handball Championship

Match Analysis

Prof. Dr. Chung Hyung-kyun (Korea)
Chairman of AHF Commission of Coaching and Methods (CCM)

Match No. 31 ; Al-Arabi Club vs Foolad Mobarakeh
Referees: Yaser Eial Awwad / Akram Al-Zayyat (Jordan)

It's a match in the final round for the 9th and 10th place. Al-Arabi easily took the lead with a score of 6–2 in the first-half. But around 21 minutes Foolad turned around by 11–8. The first-half ended with Foolad leading 14–11.

In the second half, Al-Arabi launched a 5:1 defensive formation and a 2:4 offense for a counter-attack. But without creating any special momentum, Foolad won the game 28–22.

@AHFKuwait   www.AsianHandball.org

정형균 CCM 위원장(Chairman of AHF Commission of Coaching and Methods)의 경기분석보고서(Match Analysis)
2013년부터 아시아핸드볼연맹 기술위원장(Asian Handball Federation Technical Chairman)과 국제핸드볼연맹 기술위원(International Handball Federation Technical Committee)을 맡고 있는 정형균 위원장이 아시아핸드볼연맹 주관대회인 2019 올림픽선발전 겸 아시아여자핸드볼 선수권대회(중국, 2019)(좌측)와 제22회 아시아남자핸드볼 클럽리그 선수권대회(삼척, 2019)(우측)에서 직접 작성한 각 경기별 분석 및 평가 보고서

아시아핸드볼연맹총회(2019)

임오경 제21대 국회의원 당선 축하(2020)

언제나 봄
정형균의 사랑과 가족

국제대회를 앞두고 때론 몇 달을
집에도 들어가지 못하고 오로지 핸드볼에
매달리던 젊은 날의 정형균 교수에게
가장 아름다운 시절 만난 사모님과
가족은 그의 모든 것을 지탱해주었다.
책을 마무리하며 정형균 교수에 대한
존경을 담아 가족 및 지인들의 사진을 소개한다.

아버님 칠순

어머님과

장모님과

사돈댁과(지아 돌잔치)

큰아들 결혼

박사학위 수여식

장인어른 칠순 기념

두 아들

손녀 지아

어머님과

대학친구들

세부학회

대학친구들

세부학회

둘둘회

청토회

73학번 동기

핸드볼 원로님들

정형균 교수에게 보관중인 가족사진을 보내달라고 요청했더니,
사진과 함께 멋진 그림을 함께 보내오셨다.
그림을 좋아하는 사랑하는 아내가 어느 날 하나 둘 그리기 시작하더니 금새 작품을 만들었다는 것이다.
정형균 교수가 소년같은 미소와 함께 가족들에게 전하는 메시지를 메모해 주었다.

"평생 함께 하며 작은 것 하나하나까지 응원을 아끼지 않은 아내,
세계를 누비며 멋진 꿈을 이루어가는 큰 아들 내외,
항상 아빠를 최고로 여기며 더 큰 미래를 만들어 가는 둘째,
누구보다 사랑스런 우리 지아,

고맙고,
…
사랑한다."

"핸드볼에 대한 사랑과 열정이 누구보다 강한 최고의 지도자! 바로 정형균이다!"
- 임재서(SK호크스)

꿈을 키우고

"핸드볼 발전을 위해 쌓아올린 찬란했던, 하지만 치열하고 뜨거웠던
정형균 감독의 이야기는 이제 새로운 시작을 맞이했다."

- 조영신(남자핸드볼 국가대표팀 감독)

열정을 꽃피우다

핸드볼 그랜드슬램의 신화 정형균
작은 손에 움켜쥔 큰 세계

발행일	2020년 7월 7일
저자	김봉우·최근년·성경화·최석재·배승남·백상서·장리라·윤성철·임오경
	황선희·조은희·오성옥·박성립·정연호·우선희·김진순·김민구·이상욱
발행·기획	디자인소리
	www.dsori.com 070.4366.2811 ok@dsori.com
	서울특별시 마포구 월드컵북로5가길 8-14

편집위원 강 숙 김효숙 이순이 이은숙 정희순 이정숙 김봉우 김병우 김재욱 김재환 박광수 연한경 이한노 전성복 최근년 홍성욱 강창원 김미혜 김준미 복헌순 성경화 윤수경 이임숙 권형준 박성문 안길영 이종경 하재웅 최석재 조영신 김윤철 윤창용 황광표 홍기표 김성은 조경자 최미경 황경영 이상복 최병인 오영수 강명실 곽영주 김미정 배승남 양경희 오은지 윤인선 이 진 전현미 정주영 백상서 방강석 배진용 박현숙 양은숙 이항미 장리라 윤성철 조치효 문병욱 김범석 최석립 김남미 민혜숙 우연정 이은희 이지연 이영미 박영일 유영면 이규창 이영주 이선희 임오경 황선희 김용구 유석진 이종덕 문상돈 소수현 정문선 조의재 오성옥 이수영 조은희 강종경 박성립 조한준 이성환 김영식 김철수 김현아 성은숙 정옥미 정연호 이형철 김영권 김종필 안기석 이교재 김 랑 김혜경 유연희 이화정 최은경 홍정호 한경태 오민식 김형철 김은미 김효정 양희숙 염수화 이영란 최은회 한명희 최승욱 백원철 채병준 강혜란 김진식 소예영 이수연 정영미 이기영 정은희 최은미 이유정 임수진 문은실 김경진 김현철 송석기 주종복 변영주 우선희 김우상 이현행 박찬용 김원주 최귀진 김민정 김인희 김진순 김향기 김민호 김태균 임상수 김재한 송운현 장종성 김정은 문경하 박은정 박혜진 안은실 임정희 조희정 김윤정 강민성 정광윤 이태우 박효성 신홍철 박혜경 배주현 어선미 오미애 김민구 박찬영 김나성 여운석 권성헌 조인오 문필희 김종미 남궁윤 안예순 손은선 황은섭 박중규 김환성 전동현 정장록 김예나 윤여희 윤희남 장은영 정혜선 이상욱 김충기 이상현 김응국 심재성 이정수 김경미 김선정 백상미 오경혜 허하나 유동근 김병진 김선구 신성호 윤정현 조시우 문미희 서연희 안지훈 진연희 황지혜 권효숍 배상욱 김윤목 김지수 김석만 권지연 김수정 용세라 윤현경 최주희 용민호 허길홍 심재복 김남훈 김상우 조홍철 박주희 권구슬 김현진 노연지 박지연 백선애 장윤경 조아라 강보근 김재일 김현수 송명성 오승환 이동희 김영훈 김지혜 김하나 송미례 송지혜 주경진 배민희 박영길 김태권 박민석 김영남 손병진 이능규 권한나 양다빈 연수진 정선영 최수민 고주석 김상형 이영철 윤문형 김남희 박이슬 이가을 이슬기 최경주 이현식 서승현 하민호 차승재 양영민 변영준 김형근 김정민 김소윤 김현아 박민지 박이슬 이수연 정유미 황도웅 송대성 김종진 박경민 유주영 김미연 김혜원 민아영 오사라 이믿음 이슬기 이진영 구창은 김준용 김경근 김태식 류미경 박은비 이윤조 이현주 황수진 임재서 장동현 편의범 장민관 권오룡 김재준 장현덕 김정욱 김수정 김리안 박새영 유진주 이겨울 이보라 조수연 한소희 한승미 유현호 최현우 강세현 연진영 임호원 김재원 박서희 강미진 김지희 김지혜 강석주 박동광 임경환 조준상 이한얼 김다영 손민지 김예림 홍승혜 장민지 김재희 박재용 조동함 차성현 선승훈 윤하늘 김민수 이유림 선예지 이민지 김명신

Copyright ⓒ 저자 및 자료 제공자
이 책은 Adobe CC 라이선스로 제작되었습니다.
이 책은 산돌구름, 산돌, 한양, 아시아, 세종, Adobe Typekit 등의 정식 라이선스 폰트 및 나눔폰트 등의 일부 오픈폰트로 제작되었습니다.
이 책에 사용된 이미지의 저작권은 저자와 디자인소리 및 각 이미지 제공자에게 있고,
일부 이미지 저작권은 디자인소리와 (주)엔파인과의 계약에 의해 (주)엔파인에 있습니다.

이 책은 한국체육대학교남녀핸드볼동문운영기금으로 제작되었습니다.
이 책의 수익금은 한국체육대학교 핸드볼부 발전기금으로 사용됩니다.

금액 18,900원
ISBN 978-89-97613-18-2 03990